# Universo e Vida

Hernani T. Sant'Anna

# Universo e Vida

Pelo Espírito Áureo

Copyright © 1978 by
FEDERAÇÃO ESPÍRITA BRASILEIRA – FEB

9ª edição – Impressão pequenas tiragens – 7/2025

ISBN 978-85-69452-53-9

Todos os direitos reservados. Nenhuma parte desta publicação pode ser reproduzida, armazenada ou transmitida, total ou parcialmente, por quaisquer métodos ou processos, sem autorização do detentor do *copyright*.

FEDERAÇÃO ESPÍRITA BRASILEIRA – FEB
SGAN 603 – Conjunto F – Avenida L2 Norte
70830-106 – Brasília (DF) – Brasil
www.febeditora.com.br
editorial@febnet.org.br
+55 61 2101 6161

Pedidos de livros à FEB
Comercial
Tel.: (61) 2101 6161 – comercial@febnet.org.br

Adquirindo esta obra, você está colaborando com as ações de assistência e promoção social da FEB e com o Movimento Espírita na divulgação do Evangelho de Jesus à luz do Espiritismo.

Dados Internacionais de Catalogação na Publicação (CIP)
(Federação Espírita Brasileira – Biblioteca de Obras Raras)

---

A927u    Áureo (Espírito)

     Universo e vida / pelo Espírito Áureo; [psicografado por] Hernani T. Sant'Anna. – 9. ed. – Impressão pequenas tiragens – Brasília: FEB, 2025.

     296 p.; 21 cm

     ISBN 978-85-69452-53-9

     Inclui referências e índice geral

     1. Espiritismo. 2. Obras psicografadas. I. Sant'Anna, Hernani T., 1926–2001. II. Federação Espírita Brasileira. III. Título.

                                                      CDD 133.93
                                                      CDU 133.7
                                                      CDE 30.00.00

# SUMÁRIO

*UNIVERSO E VIDA* .................................................. 7
  1 NOVAS DIMENSÕES DO CONHECIMENTO ....... 13
  2 ANTE A GRANDEZA DA VIDA .............................. 27
  3 ÁTRIOS DA PROTOCONSCIÊNCIA ...................... 41
  4 CONSCIÊNCIA E RESPONSABILIDADE ............... 67
  5 ENERGIA E EVOLUÇÃO ......................................... 91
    5.1 ENERGIA MENTAL ......................................... 91
    5.2 RADIAÇÕES LUMINOSAS ............................. 94
    5.3 TRANSFORMADORES DE ENERGIA ........... 97
    5.4 TEMPO E VELOCIDADE ............................... 99
    5.5 CIÊNCIA E VIDA ........................................... 102
    5.6 IDEIAS E EMOÇÕES ..................................... 105
    5.7 INFECÇÃO E PURGAÇÃO ........................... 108
    5.8 MENTE E SEXO ............................................. 111
    5.9 PROFECIA E LIVRE-ARBÍTRIO ................... 113
    5.10 PROCESSOS DE ALIMENTAÇÃO ............. 115
    5.11 EQUILÍBRIO VITAL ..................................... 118
    5.12 VIRTUDE E CONHECIMENTO ................. 120
    5.13 SISTEMAS E SÓIS ........................................ 122
    5.14 PROBLEMAS DE SINTONIA ...................... 124
    5.15 O PODER DAS TREVAS .............................. 127

5.16 COMANDO MENTAL .................................. 130
5.17 SOMBRA E LUZ ........................................ 132
5.18 FLUIDO MAGNÉTICO ............................... 134
5.19 AÇÃO MENTO-MAGNÉTICA .................... 137
5.20 FLUIDO CÓSMICO .................................. 139
6 ANTES DO CRISTO ................................. 143
7 O FILHO DO HOMEM ............................. 153
8 O DIVINO LEGADO ................................ 165
9 DEPOIS DO CRISTO ............................... 175
10 O CAMINHO PERCORRIDO ..................... 205
11 O TERCEIRO LEGADO ............................ 231
12 NO PORVIR ............................................. 239

*REFERÊNCIAS* .................................................. 241
*ÍNDICE GERAL* ................................................. 245

# UNIVERSO E VIDA

Tendo, pois, muitos empreendido pôr em ordem a narração dos fatos que entre nós se cumpriram, segundo nos transmitiram os mesmos que os presenciaram desde o princípio, e foram ministros da palavra. Pareceu-me também a mim conveniente descrevê-los a ti, ó excelente Teófilo, por sua ordem, havendo-me já informado minuciosamente de tudo desde o princípio, para que conheças a certeza das coisas de que já estás informado (*Lucas*, 1:1 a 4).

Escrever prefácios para obras de editoração da Casa de Ismael tem-se-nos constituído tarefa honrosa e espiritualmente gratificante, nos últimos anos, por força da responsabilidade que assumimos ao lançar ou reeditar livros realmente marcantes, neste fim de século, em nome da venerável Instituição que presidimos.

*Universo e vida*, de Áureo (psicografia de Hernani T. Sant'Anna), por inúmeras razões que preferimos silenciar, conservando-as, quase todas, no escrínio do coração, é empreendimento que nos merece afetuosos cuidados. A elaboração da obra foi dificílima e correu riscos enormes, tantas foram as tentativas de impedir-lhe a divulgação plena. Os *aborrecidos da luz*, que outros não são senão os que se opõem, acobertados pelas ardilezas do Mundo Invisível negativo, aos esforços desenvolvidos no sentido de dotar a Humanidade da instrumentalização precisa à sua mais fácil orientação na jornada terrena, não pouparam o médium nem deixaram de armar-lhe situações que ele houve de superar ao preço de muitas vigílias, dores e sacrifícios.

Mas, se não faltaram dias de acerbas lutas, não rarearam também os de compensadoras satisfações e momentos de grandes vitórias, porque o Bem vence sempre. Ultrapassadas as mais sérias barreiras magnéticas e superadas penosas agruras, o trabalho mediúnico foi reencetado e os capítulos voltaram a ser recebidos em condições adequadas, embora não sem novos testemunhos de perseverança e de idealismo do medianeiro.

A 9 de julho de 1979 foram-nos remetidos os três últimos capítulos, do total de doze, do livro de Áureo, alguns deles já publicados em *Reformador*.

Um dos grandes méritos da obra que apresento ao público estudioso das letras espíritas mediúnicas é o que consiste em haver conseguido o seu autor espiritual, eloquentemente, encadear os argumentos lógicos de Allan Kardec, *Sua Voz* (de *A grande síntese*), J.-B. Roustaing, Emmanuel e André Luiz, dentre outros, com fulcro nos mais recentes enunciados da Ciência, na Filosofia e no Evangelho de Jesus Cristo, a respeito de algumas problemáticas pouco estudadas e vastamente discutidas.

A par de conhecimentos que foram reunidos e conciliados em robustas e cristalinas súmulas, sínteses magistrais do conhecimento científico, filosófico e histórico, Áureo soube transmitir-nos igualmente transcendentais conceituações das realidades extrafísicas, tradições e fatos da historiografia de Além-Túmulo e valiosas revelações.

Os leitores de *Reformador*, habituados com as páginas de Áureo, se conhecem alguns destes escritos, agora enfeixados em livro, ignoram, todavia, muitos dos que reservamos para apresentação nesta oportunidade, dada a conveniência de sua leitura na ordem ditada pelo autor espiritual.

Falamos em eloquente encadeamento de argumentos lógicos. Querendo tornar mais preciso o raciocínio, diremos, com palavras de Pascal (PASCAL, Blaise. *Pensamentos*. São Paulo: Abril Cultural, 1993. Col. *Os pensadores*), que:

> A eloquência é a arte de dizer as coisas de maneira: 1º que aqueles a quem falamos possam entendê-las sem dificuldade e com prazer; 2º que nelas se sintam interessados, a ponto de serem impelidos mais facilmente pelo amor-próprio a refletir sobre elas.
>
> Consiste, portanto, em uma correspondência que procuramos estabelecer entre o espírito e o coração daqueles a quem falamos, por um lado e, por outro, entre os pensamentos e as expressões de que nos servimos; o que pressupõe termos estudado muito bem o mecanismo do coração do homem a fim de conhecer-lhe as molas e encontrar, em

seguida, as proporções certas do discurso que desejamos ajustar-lhe. Cumpre colocarmo-nos no lugar dos que devem ouvir-nos, e experimentar também em nosso próprio coração a forma dada ao discurso, para ver se um se adapta ao outro e se podemos ter a certeza de que o ouvinte será forçado a render-se. É preciso, na medida do possível, confinarmo-nos dentro da naturalidade mais singela; não fazermos grande o que é pequeno, nem pequeno o que é grande. Não basta que uma coisa seja bela, é necessário que seja adequada ao assunto, que nada tenha de mais, nem que nada lhe falte (it. 16).

No contexto e nas proporções e objetivo do trabalho, a que Áureo se propôs, não há faltas nem sobras. Daí a eloquência dos seus escritos.

Sem dúvida que o livro foi minuciosamente examinado e achado certo pelos que se incumbiram, a nosso rogo, de esquadrinhá-lo em todas as direções. Quanto, porém, às revelações, estas sempre foram e serão ainda matéria de foro íntimo, de sagrada decisão de cada individualidade. Nos domínios da *fé raciocinada* e da *intuição*, no entanto, os espíritos despreconceituosos sempre encontraram, e prosseguirão encontrando, pistas para sua própria elucidação e edificação.

\*\*\*

Já que falamos em Pascal, vale reproduzir aqui algumas linhas da mensagem por ele ditada, em reunião pública da Federação Espírita Brasileira, no Rio de Janeiro (RJ), na noite de 9 de abril 1920 — há quase sessenta anos, portanto —, profetizando sobre a destinação da humanidade terrena:

> Sabeis que o seu fardo é leve e suave o seu jugo [referindo-se ao Cordeiro de Deus]. Carregai, pois, a vossa cruz com paciência e resignação e vos tornareis dignos de habitar a Terra quando, regenerada, atingir as campinas siderais da constelação de Hércules, para a qual se dirige em marcha acelerada, devendo lá chegar logo que a Humanidade estiver em condições de habitar essas regiões do infinito. Então, não mais tereis a noite e o dia, alternando-se gradualmente. Tereis as claridades a se irradiarem dos vossos próprios Espíritos redimidos, despidos dos andrajos do crime e cobertos pelas vestes alvíssimas das virtudes celestes (*Reformador*, dezembro de 1978, p. 24, e 16 de agosto de 1920).

\*\*\*

Áureo, em *Universo e vida*, acolhe e repete algumas profecias, de todos os tempos, particularmente deste período em que o Consolador Prometido pelo Cristo ensaia os seus primeiros passos na crosta planetária, confirmando por outras palavras aquilo que Emmanuel e vários eminentes Espíritos disseram por diferentes médiuns.

A inteligência esclarecida e humilde do médico Lucas (Evangelista) relatou as *coisas* que pôde certificar, graças às observações e pesquisas que realizou, recorrendo aos núcleos das tradições mais puras e às vívidas recordações de Maria Santíssima, por delegação de Paulo,

Apóstolo dos Gentios. E Áureo, por sua vez, narrou-nos as *coisas* que viu e viveu ao longo de múltiplas existências fecundas. Ambos, fazendo bem mais que bela Literatura espiritualista, conduzem-nos, sob a magia sublime do pensamento universalista, pelas veredas do Cristianismo, em espírito, na direção da *porta estreita* que um dia há de ser por todos transposta, no findar-se da milenar caminhada de retorno à Casa Paterna.

Para que saibamos da solidez dos ensinos que recebemos!

Rio de Janeiro (RJ), 12 de julho de 1979.
FRANCISCO THIESEN
*Presidente da Federação Espírita Brasileira*

# 1
# NOVAS DIMENSÕES DO CONHECIMENTO

Há muitas coisas novas no campo atual dos conhecimentos e das pesquisas sobre Astronomia, que estão forçando a inteligência humana a rever os seus conceitos sobre os *Universos*, na marcha inconsciente da Ciência à procura de Deus.

Dissemos propositadamente *Universos*, no plural, porque esse é um dos pontos nodais da atual problemática científica, desde muito tempo desvinculada não só das ideias medievais de geocentrismo, mas igualmente das teorias heliocêntricas restritas ao antigo Universo conhecido.

Tal é a velocidade atual do progresso dos estudos humanos que, a partir do ano de 1929, o valor do raio de curvatura do Universo passou a ser deduzido das equações que Einstein formulou entre 1912 e 1915. Isto, em consequência da descoberta, por Edwin Hubble, das fugas das galáxias. Aliás, a ideia einsteiniana de um Universo finito e ao mesmo tempo ilimitado comporta hipóteses ainda em aberto, pois até agora não se pôde medir a densidade média da matéria, para identificar-se o seu valor crítico limite. Antes que isso seja conseguido, não há como concluir-se por um Universo fechado ou, ao contrário, por uma curvatura espacial negativa que o levaria a expandir-se constante e interminavelmente em todas as direções.

Enquanto se discute ser ou não aberto ou fechado o Universo conhecido, em contínua expansão ou em permanente criação de matéria nos espaços intergalácticos, o astrônomo armênio Ambartsumian em nossa opinião bem mais próximo da realidade, traz à discussão a ideia de que o Universo em que vivemos, realmente curvo e fechado, como entendeu Einstein, é apenas uma metagaláxia, além da qual muitas outras ostentam, no infinito, diferentes características de espaço-tempo.

Pouco a pouco, vai o homem se abeirando de mais ampla compreensão acerca da insondável magnificência do Criador e de Sua infinita e incessante Criação. De surpresa em surpresa, a Ciência estuda agora o fato, verificado pelo norte-americano *Low*e comprovado pelas sondas espaciais *Pioneer* 10 e 11, de que Júpiter emite quase o triplo da quantidade de energia que recebe do Sol. Conclusões posteriores e independentes, dos soviéticos Rostov e Iaktsk evidenciaram, por outro lado, que aquele astro apresenta a constituição própria de uma estrela em franca expansão. Agora já se admite que reações nucleares internas, semelhantes às do nosso astro-rei, levarão Júpiter a tornar-se, dentro de talvez uns dois bilhões de anos, um novo sol, pouco antes, segundo se presume, da extinção do nosso Sol atual.

De perplexidade em perplexidade, a Ciência caminha em campos novos, aos quais não está ainda acostumada. De repente, sem pretender e sem esperar, descobrirá o Espírito.

Talvez seja importante recordar que já é grande, apesar de tudo, a soma de conhecimentos essenciais disponíveis, valendo a pena aqui lembrarmos, resumidamente e de passagem, alguns dados e informações correntes. Valhamo-nos, para começar, do magnífico trabalho de divulgação científica realizada por Arthur Koestler, em seu livro *As razões da coincidência*. Ele assinala, baseado em fatos incontestáveis, a crescente perplexidade da Física diante de um mundo novo de descobertas desconcertantes e faz muitas transcrições documentadas de pronunciamentos de eminentes cientistas, quase todos laureados pelo Prêmio Nobel. Vejamos alguns de seus comentários e das suas citações.

*Bertrand Russel,* matemático, filósofo e sociólogo de renome mundial, um dos criadores da Lógica moderna, escreveu, em 1927, que "a matéria é uma fórmula cômoda para descrever o que acontece onde ela não está" (cap. 2, citando *An outline of Philosophy,* Londres, 1927). *Werner Heisenberg* — comenta Koestler — provavelmente entrará para a História como o homem que pôs fim ao determinismo na Física — e portanto na Filosofia — com o seu célebre Princípio da Incerteza, também chamado de Princípio da Indeterminação, pelo qual ganhou o Prêmio Nobel em 1931. Pois bem: esse gigante da teoria dos *quanta* salienta em sua autobiografia, mais de uma vez, que os átomos não são coisas. Os elétrons que formam a concha do átomo não são mais simplesmente coisas, no sentido da Física clássica, coisas que possam ser claramente descritas segundo os conceitos de posição, velocidade, energia, dimensão. Uma vez chegados ao nível atômico, o mundo objetivo do espaço e do tempo deixa de existir e os símbolos matemáticos da Física teórica referem-se meramente a possibilidades, não a fatos (cap. 2, citando *Der Teil und das Ganze*, Munique, 1969). *Wolfgang Pauli,* outro gigante da teoria dos *quanta,* escreveu, terminante:

> Não se pode dizer que o problema geral da relação entre o espírito e o corpo, entre o interior e o exterior, tenha sido resolvido pelo conceito do paralelismo psicofísico admitido no último século. A ciência moderna talvez nos tenha feito compreender melhor essa relação ao formular o conceito de complementaridade na própria Física. A solução mais satisfatória seria se o espírito e o corpo pudessem ser interpretados como aspectos complementares da mesma realidade (cap. 2, citando *Der Einfluss Archetypischer Worstellungen auf die Bildung Naturwissenschaftlicher Theorien bei Kepler,* 1952, em JUNG-PAULI, *Naturerklärung und Psyche*).

*Henry Margenau,* professor de Física da Universidade de Yale, foi também muito explícito:

> Em fins do último século chegou-se a pensar que toda interação envolvia objetos materiais. Hoje já não se pensa assim. Sabemos agora que existem campos absolutamente imateriais. As interações mecânicas dos *quanta* de campos físicos *psi* (interessante e talvez divertido salientar que o *psi* dos físicos tem em comum com o *psi* dos parapsicólogos

certo caráter abstrato e vago) são totalmente materiais, embora descritas pelas equações mais fundamentais da atual Mecânica dos *quanta*. Essas equações nada dizem sobre massas em movimento; apenas regulam o comportamento de campos muito abstratos, em muitos casos certamente imateriais, frequentemente tão sutis como a raiz quadrada de uma probabilidade (cap. 2, citando *ESP in the Framework of Modern Science*, em *Science and ESP*).

Comenta Koestler que:

Já se havia feito da massa o equivalente a um pacote de energia concentrada, segundo a fórmula de Einstein: $E = mc^2$ (que gerou, como subproduto, a bomba atômica). E na teoria da relatividade, tanto a massa quanto a inércia e a gravidade se reduzem a pressões, inflexões ou torções do espaço vazio, multidimensional. As não *coisas* da teoria dos *quanta* e da Mecânica ondulatória são, assim, não curiosidades isoladas, mas sim a culminância, na Física moderna, de uma evolução começada no fim do século XIX (cap. 2).

É o que resume *Sir James Jeans*, num trecho memorável de suas *Conferências de rede*: "Hoje em dia acredita-se geralmente — e entre os físicos quase unanimemente — que a corrente do conhecimento nos leva a uma realidade não mecânica; o Universo começa a parecer mais um grande pensamento do que uma grande máquina" (cap. 2, citando *The mysterious universe*, Cambridge, 1937). *Sir Arthur Eddington*, no livro *A natureza do mundo físico* (1928), sintetizou suas conclusões numa só frase: "A matéria-prima do Universo é o Espírito" (cap. 2).

*V. A. Firsoff*, astrônomo eminente, sugeriu a possibilidade da existência de "partículas elementares do material espiritual", que propôs fossem chamadas de *mindons* (do inglês *mind*, espírito).

Escreveu:

> Nosso Universo não é mais verdadeiro do que o dos neutrinos — eles existem, mas num espaço diferente, regido por leis diferentes. [...] Em nosso espaço nenhum corpo pode ultrapassar a velocidade da luz. [...] O neutrino, no entanto, não está sujeito a campos de gravidade, nem eletromagnéticos. Portanto, não está condicionado ao nosso limite de velocidade e pode ter o seu tempo diferente. Poderá até se deslocar mais rapidamente do que a luz, o que o faria, relativisticamente, retroceder na nossa escala de tempo. [...] As análises que fizemos das entidades mentais nos levam a crer que o *mindon* não tem local definido no que podemos chamar de espaço físico, ou melhor, gravitacional, eletromagnético, espacial; sob esse aspecto lembram o neutrino ou, mesmo, um elétron rápido. Isto já sugere um tipo diferente de espaço mental, regido por leis diferentes, o que vem a ser corroborado pelas experiências parapsicológicas feitas na Universidade de Duke e alhures. [...] Parece [...] que esta espécie de percepção envolve uma interação mental sujeita a leis próprias, definindo um tipo diferente de espaço-tempo (cap. 2, citando *Life, mind and galaxies*, Edimbourg e Londres, 1967).

*Paul Adrian Maurice Dirac*, de Cambridge (é ainda Arthur Koestler quem comenta), propôs, em 1931, uma teoria tão fantástica, que teria sido imediatamente rejeitada como excêntrica, se o seu autor não fosse um dos mais importantes físicos de seu tempo. Prossegue Koestler:

> Seu maior trabalho até então fora a unificação da teoria da relatividade, de Einstein, à Mecânica ondulatória, de Schrödinger, o que lhe valeu o Prêmio Nobel em 1933. Apesar disso, a teoria da unificação encontrou novas dificuldades, que Dirac tentou ultrapassar salientando que o espaço não é realmente vazio, mas sim cheio de um mar insondável de elétrons com *massa negativa* e, consequentemente, *energia negativa*. A massa negativa está, naturalmente, além da imaginação humana; algo que se pudesse dizer sobre uma partícula desse tipo é que, se se tentasse empurrá-la para a frente, ela se moveria para trás, e se tentássemos soprá-la, ela seria sugada para dentro de nossos pulmões.
>
> Uma vez que, de acordo com a hipótese, todo o espaço disponível é uniformemente preenchido com elétrons de energia-menos, eles não interagem e não manifestam sua existência. Mas, pode acontecer que um raio cósmico de alta energia atinja um desses elétrons-fantasma e lhe comunique a sua energia. Como resultado, o elétron-fantasma pulará do *oceano* e se transformará num elétron normal, com energia e massa positivas. Apenas haverá então um *buraco*, uma bolha, deixado no oceano em que se banhava. Esse buraco é uma negação da massa negativa; portanto, terá massa positiva. Mas será também uma negação da

carga elétrica negativa do ocupante anterior, e terá carga positiva. O buraco no oceano cósmico seria de fato, como predisse Dirac em 1931, "uma nova espécie de partícula, desconhecida para os físicos, com a mesma massa que o elétron, embora sua carga seja oposta à deste último. Podemos chamar esta partícula de antielétron" (cap. 2).

Assinala o mesmo autor que, um ano após a publicação de Dirac, *Carl D. Anderson*, trabalhando no Instituto de Tecnologia da Califórnia, descobriu os *pósitrons*, que não eram senão os *antielétrons* ou *buracos* previstos por Dirac. Diante disso, Koestler conclui dizendo: "É bem possível que outras galáxias sejam compostas de antipartículas combinadas para formar antimatéria" (cap. 2).

*Richard Phillips Feynman*, outro físico do Instituto de Tecnologia da Califórnia, concebeu, como registra Koestler, a ideia de que o pósitron é

> nada mais do que um elétron que, por tempo determinado, retrocede no tempo, e que a mesma explicação vale para outras antipartículas. Nos diagramas chamados *de Feynman*, que logo se tornaram artigo indispensável aos físicos, um dos eixos representa o tempo, outro eixo, o espaço. As partículas podem deslocar-se no tempo, para trás e para a frente. E um pósitron se deslocando, como qualquer de nós, em direção ao futuro, comporta-se exatamente como faria um elétron em direção ao passado.
>
> As transposições temporais, preconizadas por Feynman, são efêmeras, que em nosso mundo as antipartículas têm

vida curta. Dizer que numa galáxia constituída de antimatéria o tempo se deslocaria permanentemente às avessas em relação a nós, seria mera especulação. Mas, no que se refere à Física terrestre, a concepção de Feynman, de reversão do tempo, foi comprovadamente tão fecunda que, em 1953, por este motivo, lhe foi conferida a medalha Einstein e, em 1965, o Prêmio Nobel. O filósofo da ciência *Hans Reichen-Bach* escreveu que a teoria de Feynman representa "o mais sério impacto que o conceito de tempo jamais recebeu no campo da Física" (cap. 2. Em relação a esta última frase, ele reproduz passagem de *The direction of time,* Califórnia e Cambridge, 1956).

Parece-nos agora mais do que justo e de interesse transcrever dois pequenos trechos que contêm ideias do próprio Koestler, também ele detentor do Prêmio Sonning, recebido na Universidade de Copenhague "por sua contribuição à cultura europeia". Eis o primeiro:

> A Física clássica tinha por evangelho a famosa Segunda Lei da Termodinâmica, segundo a qual o Universo acabará por desgastar-se como um relógio, porque sua energia se dissipa constantemente e terminará como começou — segundo o *Gênesis*: "vazio e sem forma". Somente nos últimos anos os biólogos se deram conta de que essa lei não se aplica senão no caso teórico de um *sistema fechado,* completamente isolado de seu ambiente. Enquanto os organismos vivos são, todos eles, *sistemas abertos,* que se alimentam das energias e matérias encontradas em seu ambiente. Em lugar de se desgastar como um relógio que dissipa sua energia pela fricção,

o organismo vivo não cessa de formar corpos químicos mais complexos, a partir daqueles de que se alimenta. Não para de construir formas de energia mais complexas, a partir da energia que absorve; e estruturas mais complexas de *informação* — percepções, lembranças, ideias — a partir do que é transmitido aos seus receptores. Longe de se limitar a reagir, ele é ativo: adapta o ambiente às suas necessidades, em lugar de se adaptar ao ambiente passivamente. Instrui-se pela experiência e constrói sistemas de conhecimento que recolhe do caos das sensações pelas quais passa. Absorve do ambiente a informação, do mesmo modo como alimenta suas energias de suas substâncias e sínteses. A mesma tendência de integração construtiva se manifesta na evolução das espécies, no sentido de formas mais complexas de anatomia e comportamento, de meios de comunicação mais eficazes, desenvolvendo sua independência e domínio do ambiente. "De acordo com a Segunda Lei da Termodinâmica — para citar *Von Bertalanffy*, pioneiro das novas concepções biológicas — a direção geral dos fenômenos físicos é no sentido do decréscimo da ordem e da organização. Em contrapartida, dentro da evolução, a direção é no sentido de uma ordem crescente" (cap. 4. Nesta última frase, citando *Problems of life*, New York, 1952).

## E aqui está o segundo trecho:

Todo um coro de laureados do Prêmio Nobel de Física ergue a sua voz para nos anunciar a morte da matéria... [...] Já é tempo de aprendermos as lições da ciência pós--mecanicista do século XX e de nos livrarmos da camisa de força que o materialismo do século XIX impôs aos nossos conceitos filosóficos (cap. 5).

Todos esses testemunhos dão conta de que algo de substancial está mudando no campo das pesquisas e das conceituações da Ciência. Como já disse André Luiz, em seu livro *Mecanismos da mediunidade* (cap. 3),

> mais da metade do Universo foi reconhecido como um reino de oscilações, restando a parte constituída de matéria igualmente suscetível de converter-se em ondas de energia.
>
> O mundo material como que desapareceu, dando lugar a tecido vasto de corpúsculos em movimento, arrastando turbilhões de ondas em frequências inumeráveis, cruzando-se em todas as direções, sem se misturarem. O homem passou a compreender, enfim, que a matéria é simples vestimenta das forças que o servem nas múltiplas faixas da Natureza [...].

Seria, porém, rematada ingenuidade supor que a ciência humana terrestre chegará rapidamente à solução definitiva dos seus problemas substanciais, porque precisará realizar, antes disso e para isso, duas conquistas fundamentais: primeiro, terá de reconhecer, por seus próprios meios, suas averiguações, seus cálculos e suas induções, senão a certeza, pelo menos a probabilidade da existência do Espírito e das dimensões espirituais da vida; e segundo, construir novas aparelhagens e sobretudo novos métodos de investigação para penetrar nesses novos domínios. Neste último caso, as dificuldades a vencer serão imensas, porque somente o Espírito pode ver, identificar e examinar o Espírito. Não se trata, portanto, tão somente, de aperfeiçoar maquinismos e instrumentos técnicos, mas sim *consciências*, por meio do desenvolvimento racional de *faculdades psicobiofísicas* capazes de serem utilizadas para a produção útil de fenômenos investigáveis.

Enquanto, porém, não houver, na Terra, condições morais que justifiquem tão elevado tipo de cooperação aberta e indiscriminada, o Governo Espiritual do planeta não facilitará condições nem circunstâncias que favoreçam o êxito maior de tentames dessa espécie, além dos limites da educação e do incentivo ao espírito perquiridor dos homens. É fácil de compreender que o intercâmbio livre e permanente com planos e forças superiores da vida não pode ser facultado a seres predadores, de baixo senso ético e ainda espiritualmente irresponsáveis. Por essa razão, a aceitação e a vivência dos princípios morais do Evangelho de Jesus são condições fundamentais a serem cumpridas, a fim de que as Inteligências superiores outorguem ao homem terrestre o diploma de maioridade espiritual que lhe permitirá o ingresso efetivo no mundo de relações com a comunidade cósmica a que pertence.

O homem terá, portanto, de renunciar ao velho vício de tudo utilizar para o mal, para o crime, para a dominação inferior e desmedida, para a destruição, para a insensatez, se quiser entrar na posse do seu principado divino. Cumpre entendermos, de uma vez por todas, que a sabedoria da eterna Lei simplesmente não permite, por automatismo de sua amorosa justiça, que recursos espirituais de alto nível se desenvolvam, além de certos rígidos limites, em almas ainda não decididamente afeitas ao Bem.

A identificação vibratória com a natureza das sensações materiais constitui obstáculo intransponível à penetração consciente e proveitosa noutras dimensões que, para os seres assim faltos de maior sensibilidade, continuam como se não existissem, embora os influenciem decisivamente.

O homem gostaria de desenvolver suas capacidades sensoriais (auditivas, olfativas, visuais etc.) para além dos limites que a sua atual condição fisiológica estabelece. Intuitivamente sente que isso é possível, mas ainda não percebeu que só poderá consegui-lo despertando e desenvolvendo, educando e aprimorando os seus poderes psíquicos que, conjugados aos físicos, lhe descerrarão horizontes imensuráveis de novas dimensões da vida. Mas, o que sobretudo ainda não percebeu é que o poder interior, espiritual, só eclode como consequência de um alto equilíbrio de tensão de forças nobres, intelectuais e sentimentais, únicas que possuem teor de forças dinâmicas suficientemente poderosas para potencializar o Espírito e desenvolver-lhe as capacidades divinas.

Teoricamente, ninguém mais discute, no mundo, que o ser humano é um complexo psicofísico, mas na realidade o aspecto psíquico ainda é, na Terra, extremamente desleixado, talvez porque o homem terrestre quase nada sabe a seu respeito. Dia virá, porém, em que a Psicologia deixará de ser teórica e especulativa, porque aprenderá a lidar com a mente e com o corpo espiritual do mesmo modo que a Medicina terrestre lida com o corpo de carne. Então se compreenderá que os aspectos espirituais e os físicos do ser humano são essencialmente inseparáveis e têm de ser considerados no conjunto das suas relações de interdependência, pois ainda estamos todos muito longe da condição de Espíritos puros.

Diante das perplexidades da Ciência e da pressão cada vez maior dos fatos novos, que não cessam de fustigar a inteligência humana e de rumá-la para novas pesquisas e conclusões mais altas, cabe aos espíritas a sublime missão de oferecer aos pesquisadores e estudiosos humanos a contribuição substancial do Espiritismo, de modo a ajudar os cientistas sinceros a orientar-se com segurança na direção das verdadeiras soluções. Mas os espíritas só conseguirão fazer isso, com verdadeiro proveito, se se dedicarem seriamente ao estudo das realidades e dos progressos da Ciência, cotejando tudo, ponto por ponto, com as pesquisas, os conhecimentos e as revelações do Espiritismo, de modo a oferecer contribuições sérias aos pesquisadores e aos homens de pensamento que laboram fora de nossos muros. Alertados para inúmeros aspectos importantes da realidade, que insistem em desdenhar ou simplesmente não conhecem, talvez alguns estudiosos capazes e de boa-fé acertem o passo no sentido de maiúsculas e felizes constatações.

Naturalmente, o trabalho maior dos cristãos espíritas será sempre o da sua própria melhoria de sentimentos e do benfazer. Não temos nenhuma ilusão quanto a vantagens (que sabemos improváveis) em qualquer atitude de proselitismo ou presunção de maior saber. O equilíbrio de atitudes cabe, porém, em toda parte, e não seria justo nos ausentássemos, a título de cultivar a humildade e as virtudes do coração, do esforço comum a prol do progresso humano. Afinal, as novas dimensões do conhecimento, que se abrem no mundo, são as grandes dimensões do Espírito.

# 2
## ANTE A GRANDEZA DA VIDA

Em tom de euforia sensacionalista algo surpreendente, modernas enciclopédias dão como resolvido o problema da origem da vida no planeta Terra, com base na sintetização da ureia, por Friedrich Wöhler, e do ácido desoxirribonucleico (DNA), por Kornberg e Goulian; nos trabalhos de Alexander Oparin, sobre os coloides e nas experiências de Stanley Miller, Melvin Calvin, J. Oro e Sidney Fox.

A tese dada por vitoriosa e aceita como definitiva é a da geração espontânea, já provada como errônea por Pasteur, mas reaplicada às condições vigentes no planeta terráqueo há quatro bilhões de anos, quando gigantescas misturas de vapor d'água, hidrogênio, metano e amoníaco teriam produzido *espontaneamente*, sob a ação de poderosas descargas elétricas, os tijolos químicos da vida, isto é, os aminoácidos que formam as proteínas (das quais também participa o nitrogênio), os carboidratos (pequenos açúcares ou oses) e os ácidos graxos, compostos, os dois últimos, de carbono, hidrogênio e oxigênio. Esses *tijolos químicos* teriam então adquirido vida, por meio da formação, *por acaso*, do DNA — a *memória* que lhes possibilitou manter a própria individualidade, por meio da fixação das características adquiridas e da autorreprodução ordenada.

A *certeza* em que se fundamenta a teoria repousa no fato de cientistas haverem conseguido reproduzir em laboratório o que deve ter sido a atmosfera primitiva do planeta e, fazendo incidir sobre ela fortes descargas elétricas, obtido a formação de aminoácidos, adenina e açúcares. Tudo isso, e mais a famosa experiência de *reconstrução* de um vírus, a partir de DNA e proteínas, fornece a base para a euforia da *descoberta*.

Esquecem-se, os apressados *homens de ciência*, de que as misturas de gases, feitas em laboratórios, e a aplicação, sobre elas, de descargas elétricas, foram obra de inteligências humanas e não frutos do acaso. As *provas* apresentadas para coonestar a teoria são, todas elas, realizações conscientes de cérebros humanos e não acontecimentos fortuitos. Todos os resultados obtidos nas pesquisas científicas foram produtos lógicos de ações provocadoras, praticadas por seres inteligentes, e não provam a geração espontânea de coisa alguma.

Que poderia levar a tal disparate homens afeiçoados à frieza e à objetividade dos raciocínios lógicos, senão um orgulho incompreensível, nascido de uma vaidade estulta e presunçosa? Infinitamente mais fácil e mais racional seria a admissão de que Inteligências superiores agiram criadoramente, sob o influxo divino, na incessante arquitetura dos que os glorifica. Eles, porém, apesar de racionais, preferem fazer culto à irracionalidade e, embora conscientes, insistem em dobrar os joelhos ao acaso, em honra do inexistente.

Muita razão teve Einstein para pronunciar as memoráveis palavras com que saudou o grande Max Planck. Disse ele:

> Há muitas espécies de homens que se dedicam à Ciência, nem todos por amor à própria Ciência. Alguns penetram no seu templo porque isso lhes dá ocasião de exibir os seus talentos especiais. Para essa classe de homens, a Ciência é uma espécie de esporte, em cuja prática se regozijam, como o atleta exulta no exercício da força muscular. Há outra casta, que vem ao templo fazer ofertório dos seus cérebros, movida apenas pela esperança de compensações vantajosas. Estes são homens de ciência pelo acaso de alguma circunstância que se apresentou por ocasião da escolha de uma carreira. Se a circunstância fosse outra, eles se teriam feito políticos ou financistas. No dia em que um Anjo do Senhor descesse para expulsar do templo da Ciência todos aqueles que pertencem às categorias mencionadas, o templo, receio eu, ficaria quase vazio. Mas restariam alguns fiéis — uns de eras passadas e outros do nosso tempo. A estes últimos pertence o nosso Planck. E é por isso que lhe queremos bem.[1]

Robert Jastrow, diretor do Instituto Goddard de Estudos Espaciais da NASA, escreveu, em artigo publicado pelo *Jornal do Brasil* (Rio de Janeiro, edição de 2 de

---

[1] N. E.: Trecho do discurso *Principles of Research*, de Albert Einstein, redigido para celebração dos 60 anos de Max Planck.

julho de 1978, à p. 6 do Caderno Especial), estas palavras candentes:

> O Universo está explodindo diante de nossos olhos, como se presenciássemos o resultado de uma grande explosão. Se refizermos os movimentos para fora das galáxias, invertendo-os no tempo, descobriríamos que todas elas se reúnem uns 20 bilhões de anos para trás (O exato momento em que isso se deu é desconhecido — há uma incerteza de vários bilhões de anos. O importante não é precisamente quando a explosão ocorreu, mas que tenha ocorrido num instante nitidamente definido).[2] Nesse momento, toda a matéria do Universo estava aglomerada numa massa densa, a temperaturas de muitos milhões de graus. O cegante brilho da radiação, nesse universo denso e quente, deve ter sido além de qualquer descrição. O quadro sugere a explosão de uma bomba cósmica de hidrogênio. O instante em que essa bomba cósmica explodiu marcou o nascimento do Universo. Agora vemos como a constatação astronômica conduz a uma visão bíblica da origem do mundo (a palavra que a *Bíblia* usa para descrever o Universo). Os detalhes divergem, mas os elementos essenciais nas versões astronômica e bíblica do *Gênese* são os mesmos: a cadeia de acontecimentos que conduzem ao homem começou súbita e precisamente num momento definido do tempo, num clarão de luz e energia. Alguns cientistas se aborrecem com a ideia de que o mundo começou assim. Até recentemente, muitos de meus colegas preferiam a teoria do estado constante, que

---

[2] N.E.: A idade estimada do Universo, segundo dados de 2014, é de 13,82 bilhões de anos.

afirma que o Universo não teve início e é eterno. Mas as últimas provas tornam quase certo que a grande explosão realmente ocorreu, há muitos bilhões de anos. Em 1965, Arno Penzias e Robert Wilson, dos laboratórios da *Bell Telephone*, descobriram que a Terra é banhada por um débil fulgor de radiação que vem de todas as direções do céu. A medição mostrou que a própria Terra não podia ser a origem dessa radiação, que tampouco poderia vir do lado da Lua, do Sol ou de qualquer outro objeto particular do céu. A fonte parecia ser todo o Universo. Os dois físicos ficaram intrigados com essa descoberta. Não pensavam na origem do Universo e não perceberam que tinham dado, por acaso, com a resposta para um dos mistérios cósmicos. Cientistas que acreditavam na teoria da grande explosão havia muito afirmavam que o Universo devia assemelhar-se a uma bola de fogo incandescente, momentos após a explosão. Aos poucos, enquanto se expandia e esfriava, a bola de fogo tornou-se menos brilhante, mas sua radiação jamais desapareceria inteiramente.[3] O fulgor difuso dessa radiação, que remontava ao nascimento do Universo era o que Penzias e Wilson haviam aparentemente descoberto. Nenhuma outra explicação, além da grande explosão, foi encontrada para a radiação da bola de fogo. O arremate final, que convenceu quase até o último São Tomé, é que a radiação descoberta por Penzias e Wilson tem exatamente

---

[3] Nota do autor: Telegrama de Moscou, publicado no jornal *O Globo*, do Rio de Janeiro, edição de 18 de setembro de 1978, à p. 13, diz textualmente o seguinte: "Uma série de fantásticas, mas ainda inexplicáveis descobertas, foi feita pelos cosmonautas soviéticos Vladimir Ovaliono e Alexander Ivanchev, em suas experiências a bordo da estação espacial *Saliut-6/Soyuz-31*, anunciou ontem a rádio de Moscou. O que mais surpreendeu os dois tripulantes do laboratório foi constatar que acima da já conhecida película luminosa que circunda a atmosfera terrestre existe uma outra, ainda mais fosforescente, envolvendo todo o planeta."

o tipo de comprimentos de onda que se esperava que a luz e o calor houvessem produzido numa grande explosão. Os defensores da teoria do estado constante tentaram desesperadamente descobrir uma outra explicação, mas fracassaram. Atualmente, a teoria da grande explosão não tem concorrentes. Os teólogos em geral se deliciam com a prova de que o Universo teve um início, mas os astrônomos ficam curiosamente perturbados. Suas reações fornecem uma interessante demonstração da reação da mente científica — supostamente muito objetiva — quando provas descobertas pela própria Ciência conduzem a um conflito com os dogmas de nossa profissão. Cientistas se comportam do mesmo modo que os outros, quando suas crenças conflitam com os fatos. Ficamos irritados, fingimos que o conflito não existe, ou o enrolamos em frases sem sentido.

E diz mais, Robert Jastrow:

A Ciência provou que o Universo explodiu para a vida num determinado momento. Ela pergunta: que causa produziu esse efeito? Quem ou o que pôs matéria e energia no Universo? Foi o Universo criado do nada, ou foi composto de materiais preexistentes? E a Ciência não pode responder a estas perguntas, porque, segundo os astrônomos, nos primeiros momentos de sua existência, o Universo estava comprimido a um grau extraordinário e consumido pelo calor de um fogo além da imaginação humana. O choque desse instante deve ter destruído cada partícula de prova que poderia dar um indício da causa da grande explosão.

Um mundo inteiro, rico em estrutura e História, pode ter existido antes que nosso Universo aparecesse.

Informa Iain Nicolson, em seu livro *Astronomia* (SP, Ed. Melhoramentos, 3. ed.):

> O belga George Lemaître apresentou a ideia de que, há uns 20 bilhões de anos, toda a matéria do Universo — bastante, calculou, para fazer uns cem mil milhões de galáxias — estava toda concentrada numa pequena massa, que chamou de *átomo primitivo*; isto teria uma densidade incrível. Esse átomo primitivo explodiu, por algum motivo, enviando sua matéria para todas as direções, e à medida que a expansão diminuía, originou-se um estado estável, época em que se formaram as galáxias. Algo perturbou o equilíbrio e o Universo começou a se expandir outra vez, provocando o estado em que nos encontramos. Há variantes nessa teoria: talvez não tenha havido um estado estável. Contudo, basicamente, as teorias evolucionárias presumem que o Universo foi formado em certo lugar, num determinado instante, expandindo-se desde então. O Universo continuará a se expandir? Pode ser que o Universo continue a se expandir para sempre, mas alguns astrônomos acham que a expansão se retardará e finalmente acabará. Então, o Universo começará a se contrair, até que toda a sua matéria se concentre novamente num ponto. Possivelmente, o Universo irá oscilar para sempre desse modo, expandindo-se até seu raio máximo e depois se contraindo (cap. *Galáxias e universo*).

Após explicar a Teoria do Estado Estável, desenvolvida em Cambridge por Hoyle, Gold e Bondi, exclama, dramático: "Vários astrônomos questionam a realidade da expansão do Universo, mas não existe nenhuma explicação alternativa plausível" (cap. *Galáxias e universo*).

O que a Ciência terá de admitir é que não existe somente o nosso Universo; existem incontáveis Universos, na Criação Infinita. Eles são formados, nascem, crescem, envelhecem, contraem-se, *morrem*, explodem e renascem, numa incessante recriação, sob as vistas paternais de Deus e sob o controle amoroso e potente dos Arcanjos Divinos. Diz ainda Nicolson:

> Acredita-se que as estrelas se formem de nuvens de gás e poeira. Quando a nuvem se divide em fragmentos, estes começam a se contrair sob forças gravitacionais, aquecem--se e irradiam calor. Quando a temperatura aumenta suficientemente para iniciar reações atômicas, a estrela move-se para a sequência principal e se estabelece num estado estável em alguma parte dela, dependendo de sua natureza e temperatura. Fica nessa posição durante a maior parte da sua vida, gerando energia pela conversão do hidrogênio em hélio (como o Sol faz) mas, quando esgota seu combustível, o hidrogênio sai da sequência principal e expande-se para uma gigante vermelha. Depois, não se sabe bem o que acontece, mas acredita-se que a estrela usa rapidamente vários combustíveis e gera toda espécie de elementos pesados, até se tornar altamente instável e eventualmente explodir, como nova ou supernova (cap. *Estrelas*).

Acostumados a tudo reduzir ao alcance dos seus sentidos ou da sua capacidade de entendimento, os homens se atordoam diante da grandeza ilimitada da Criação e só o seu inveterado orgulho os impede de desarmar o espírito e fazê-lo explodir em adoração de respeito e amor pelo Todo-Poderoso. Entretanto, os progressos da Astronomia, talvez mais que quaisquer outros, os estão forçando, cada vez mais, a essa sublime rendição, que marcará o fecundo e glorioso início de uma nova e insuspeitada sabedoria.

Registra Nicolson:

> O limite de detecção das galáxias normais, com telescópio de 5m é de cinco mil milhões de anos-luz e nenhum dos telescópios planejados atualmente irá muito além disso. Contudo, há uma limitação muito mais definida para nossa observação do espaço: se a lei de Hubble sobre a expansão continuar, as galáxias a uma distância de dez bilhões de anos-luz estarão se afastando a uma velocidade de cerca de 300 mil quilômetros por segundo — exatamente a velocidade da luz — e nenhum sinal luminoso jamais chegará até nós, não importando o tamanho do telescópio que estivermos usando (cap. *Galáxias e universo*).

Do telescópio de Monte Palomar, de 5 metros, podem ser observadas cerca de um bilhão de galáxias, algumas situadas tão longe, no espaço, que a luz que delas contemplamos é a das que expediram em nossa direção antes que a Terra existisse. Um bilhão de galáxias! Se um raio de luz começasse a percorrer a nossa modesta galáxia, deslocando-se com a incrível velocidade de 300 mil quilômetros por segundo, levaria cem milênios para atravessá-la. E a nossa é das menores já observadas. E se move, toda ela, com o nosso Sol e todo o nosso Sistema, em torno do centro galáctico, a uma velocidade de 290 mil metros por segundo. Aliás, ela integra um aglomerado com mais de vinte outras galáxias... Existem, porém, aglomerados galácticos conhecidos, com mais de cem galáxias. E dizer-se que só na nossa modesta galáxia existem mais de cem bilhões de sóis! Esses mundos incontáveis são, como disse Jesus, as muitas moradas da Casa do eterno Pai. É neles que nascem, crescem, vivem e se aperfeiçoam os Filhos do Criador, a Grande Família Universal... São eles as grandes Escolas das Almas, as Grandes Oficinas do Espírito, as Grandes Universidades e os Grandes Laboratórios do Infinito... E são também — Deus seja louvado! — os berços da vida.

*

Como os grandes Espíritos são solidários entre si, também o são os mundos e as Humanidades que eles governam em nome do Criador. Quando Sirius, da constelação do Grande Cão, atingiu a posição de sistema de orbes regenerado, muitos Espíritos orgulhosos e rebeldes que lá habitavam foram transferidos para Capela, da constelação de Cocheiro, que era, na ocasião, um sistema de mundos de provas e expiações. No transcurso dos milênios, esses degredados, já redimidos, regressaram, em sua maioria, aos seus celestes pagos, ou se incorporaram às coletividades capelinas, das quais se fizeram devotados condutores. Houve, porém, numerosas entidades, de poderosa inteligência mas de renitente coração, que não apenas perseveraram em sua rebeldia, mas lideraram, além disso, legiões de tresloucados seguidores de suas incontinências. Esses os Espíritos que, indesejáveis em Capela, quando aquele sistema alcançou o estágio de orbes de regeneração, foram banidos para a Terra, onde a magnanimidade do Cristo os recebeu e amparou.

Tais degredados não vieram, porém, sozinhos, como se fossem imenso rebanho abandonado à violência das procelas. Alguns dos seus grandes líderes, já redimidos, renunciaram, por amor a eles, à glória e à felicidade do regresso a Sirius, e desceram, à sua frente, aos vales de dor da Terra primitiva, na condição de grandes Guardiães, colocando-se humildemente a serviço do Cristo planetário. Recebendo-lhes a amorosa cooperação, o sublime Governador da Terra utilizou-lhes os préstimos e honrou-lhes a dedicação, tanto no Espaço como na Crosta. É assim que, mesmo antes do Messianato do Senhor Jesus, a História registra a passagem, entre os homens, de luminosos gênios espirituais, como os respeitáveis sacerdotes do Antigo Egito, os veneráveis Mahatmas da velha Índia e os vultos sumamente admiráveis de Fo-Hi, Lao-Tsé, Confúcio, Buda, Ésquilo, Heródoto e Sócrates.

Foi, porém, entre os hebreus, povo escolhido para acolher no seu seio o Messias divino, que esses gloriosos missionários mais frequentemente se manifestaram, a começar pelo maior de todos, o grande Condutor dos degredados, que seria, na Terra, o neto de Abraão, aquele Jacó que se transformaria em Israel, pai das 12 tribos que se derivaram dos seus 12 filhos. Sempre atuante e sempre fiel, ele voltaria depois, como Moisés e como Elias, para tornar novamente ao mundo na figura sublime do Batista.

## Universo e Vida

Tal como ele, Abraão, que foi mais tarde Salomão e depois Simão Pedro; Isaac, que seria Daniel e posteriormente João, o Evangelista; José, o chanceler do Egito, que viria a ser Davi e depois Paulo de Tarso; e muitos outros, dentre os quais quase todos aqueles que, a chamado de Jesus, integrariam o seu Colégio Apostólico.

Mas o amor sublime de excelsos Espíritos de Sirius não abandonou os antigos companheiros, e foi de lá, daquele orbe santificado, que vieram, desde os primórdios da Terra, para auxiliar voluntariamente ao Cristo Jesus, aqueles seres extraordinários que cercaram no mundo o Messias, como Ana e Simeão, Isabel e Zacarias, e principalmente o carpinteiro José e a Santa Mãe Maria.

As crônicas do Mundo Espiritual acerca de numerosas figuras do luminoso séquito do Cristo não podem ser aqui mencionadas e muito menos reproduzidas, e nossas modestas anotações visam apenas a dar muito pálida ideia de como os fastos maravilhosos do amor estão na base de todos os movimentos de redenção, em todas as dimensões do infinito.

A verdade é que, quanto mais elevados na hierarquia da vida, mais os Espíritos se votam ao amor e à renúncia, ao trabalho e ao sacrifício, em benefício de seus irmãos menos adiantados na senda evolutiva. Esse soberano sentido de solidariedade é princípio divino que inspira as grandes Almas e as leva a adiar indefinidamente a realização de sublimes ideais de ventura pessoal, até que esses ideais, ao que imaginamos, acabam por diluir-se naturalmente no infinito do Amor Divino, totalizador e eterno, que nenhum egoísmo pode jamais empanar.

São exemplos dessa maravilhosa realidade a Mãe e o precursor do excelso Mestre, cujo intraduzível devotamento os fez trocar seus luminescentes paraísos pelo serviço permanente e sacrificial a uma Humanidade ignorante e sofredora.

Jesus disse à esposa de Zebedeu que só se assentariam à sua direita e à sua esquerda, no Reino dos Céus, aqueles a quem o Pai havia reservado esses lugares, porque sabia que o Eterno já elegera para esses supremos ministérios o grande Batista e a magnânima Maria de Nazaré; o primeiro para reger, sob a sua crística supervisão, os problemas planetários da Justiça, e ela para superintender, sob a sua soberana influência, as benevolências do amor. Por isso, todos os decretos lavrados pelo sublime Chanceler da Justiça somente são homologados pelo Cristo depois de examinados e instruídos pela excelsa Advogada da Humanidade a fim de que nunca falte, em qualquer processo de dor, as bênçãos compassivas da misericórdia e da esperança.

# 3
# ÁTRIOS DA PROTOCONSCIÊNCIA

Já sabemos que a energia é materializável e que a matéria é desintegrável em energia; que há evidentes semelhanças entre um fóton e um grão de matéria; que os grãos de matéria, em seu movimento, são acompanhados de ondas; que tanto a energia radiante, quanto a matéria, se constituem de associações de ondas e corpúsculos; que a evolução é irreversível; que, em todos os níveis e dimensões, o superior sempre se sobrepõe ao inferior; que a superioridade evolutiva implica maior complexidade estrutural e, portanto, mais aprimorada sensibilidade; que toda matéria tem o seu anverso antimaterial; que os diversos planos de uma mesma realidade se transfundem e se integram; que o nosso Universo é apenas uma ilha no infinito dos Universos da Criação Divina; que mesmo em nosso pequeno Sistema Solar está nascendo um novo sol; que os átomos não são coisas e que o mundo é muito mais "um grande pensamento do que uma grande máquina"; que não há somente um espaço-tempo e que existem insuspeitadas dimensões além das nossas.

Poderíamos, portanto, seguir adiante mas, antes disso, acabemos de vez com algum resto de ilusão dos que ainda acreditam em solidez da matéria. Demos a palavra ao professor *Boutaric*, da Faculdade de Ciências de Dijon, para que ele fale, por meio de alguns trechos de seu livro *Matéria, eletricidade e energia*:

> A massa de um corpo, sendo apenas uma forma de energia, só permanece constante se o corpo não troca com o exterior nenhuma outra forma de energia, de modo que a lei da conservação da massa aparece apenas como um caso particular do princípio da conservação da energia. [...] Nenhum sólido tem uma massa absolutamente invariável; com um esforço suficiente, podemos sempre provocar nele uma deformação permanente, isto é, que subsiste após suprimida a ação mecânica que a engendrou. Sob pressões muito fortes, um metal escorre por meio de um estreito orifício, tomando a forma de verdadeiras gotas, como faria um líquido; tal operação é conhecida sob o nome de extrusão. [...] Não há nenhuma linha nítida de demarcação entre os diversos estados físicos dos corpos. [...] A era das discussões provocadas pela concepção descontínua da matéria parece definitivamente encerrada. [...] A matéria constituiria apenas uma forma particular da energia, amiúde chamada energia de massa. [...] Nas mais das vezes, a matéria e a energia apresentam-se intimamente associadas, sendo a matéria um veículo e até um reservatório de energia. Entretanto, na energia radiante, todo suporte material desaparece.[...] O princípio da

conservação da energia não se aplica apenas aos fenômenos físicos, mas também às relações químicas, e seu domínio estende-se à Biologia, pois rege todas as transformações que ocorrem no interior dos seres vivos.

Chama-se comumente de matéria a tudo o que tem volume e massa, compreendendo-se nessa definição os sólidos e os fluidos. Os sólidos caracterizam-se pela coesão de suas moléculas constitutivas, sempre maior do que as repulsões eventualmente existentes entre elas; pela disposição espacial regular de suas partículas; por sua forma própria e definida; por sua rigidez e elasticidade e por sua pequena compressibilidade. Isso, em termos, porque só o cristal tem rede regular, enquanto, em geral, a estrutura dos sólidos é policristalina, formada por cristalículos justapostos. E há também os sólidos vítreos, de estrutura não cristalina. Já vimos que essas características dos sólidos são muito relativas e agora acrescentaremos que o fenômeno da coesão, que dá à matéria a consistência rígida que ela ostenta, decorre das forças de atração entre as moléculas, os átomos ou os íons que formam um corpo e tem origem eletromagnética. Chamam-se de fluidos os líquidos e os gases, estes últimos geralmente denominados fluidos elásticos, por sua grande compressibilidade. Há, porém, um tipo especial e superior de gás, o plasma, que se forma quando todos os átomos ou moléculas neutras, sob poderosa excitação elétrica, são transformados em pigmentos carregados de íons ou elétrons.

Notemos agora, para usar novamente palavras de *Boutaric*, que estabelecendo uma lista de todas as substâncias, na ordem decrescente de suas resistências às deformações, passaremos, por graus insensíveis, dos corpos sólidos bem caracterizados aos líquidos mais móveis, sem que seja possível especificar, em nenhum momento, onde termina o estado sólido e onde começa o estado líquido, isto é, o ponto de separação entre os dois estados. Igualmente, se fizermos variar de forma conveniente a temperatura e a pressão, podemos levar uma substância, por uma sucessão de estados homogêneos e por graus insensíveis, de um estado em que ela apresenta propriedades atribuídas comumente aos gases, a outro em que possui as de um líquido.

Assim, toda matéria, em qualquer de seus estados relativos, é apenas matéria, isto é, apenas energia condensada ou, mais simplesmente, apenas energia, formada de moléculas, que se constituem de átomos — conjuntos eletricamente neutros, cuja carga elétrica negativa da nuvem eletrônica equivale à carga elétrica positiva do núcleo. Chegamos, desse modo, ao puro domínio da energia.

Até agora, a ciência humana terrestre parece não ter para a energia melhor definição do que esta: "a capacidade que possui um corpo, ou um sistema, de produzir trabalho". Capacidade é noção demasiado vaga, que a rigor nada define. É que a natureza intrínseca da energia é ainda ignorada pelo homem. Um dia, porém, ele descobrirá que essa *capacidade* é a *secreção* mental por excelência; basicamente, a emanação primária de Deus criador e, por extensão, a emanação de cada criatura; é a *matéria-prima substancial*, o *ar* dos Universos, a *água* do infinito oceano cósmico, o *éter primacial*. A Ciência a conhece pelas suas formas de manifestação e a chama de potencial, cinética, térmica, mecânica, luminosa, eletromagnética, gravitacional, atômica, sonora, de ativação, de dissociação, de ionização, de ligação, de permuta, de recuo etc. Entretanto, nada sabe, por ora, da energia mental, do mesmo modo que também nós nada sabemos da Energia Divina.

Retomemos, porém, o fio da meada. Do mesmo modo como "não há nenhuma linha nítida de demarcação entre os diversos estados físicos dos corpos", também não há nenhuma linha nítida de demarcação entre matéria e energia. Elas na verdade se associam, se continuam e são essencialmente uma só coisa, mas uma coisa que evolui, que se apura, que se torna capaz de conquistar uma primitiva dimensão espacial, adquirir movimento e, com o movimento, uma nova dimensão temporal. Como disse *Jean Perrin*, referindo-se ao movimento browniano, "o repouso que parece caracterizar um fluido em equilíbrio não passa de uma ilusão, devida à imperfeição de nossos sentidos e corresponde de fato a um certo regime permanente de violenta agitação". Essa agitação, já apreciável nos líquidos, atinge grandes proporções nos gases e um portentoso clímax nos plasmas que, atingindo temperaturas altíssimas, da ordem de cem milhões de graus Celsius, só podem ser contidos por potentíssimos campos magnéticos.

Diz *Sua Voz*, em *A grande síntese* (cap. 46):

> Já vimos que a matéria é um dinamismo incessante e que a sua rigidez é apenas aparente, devida à extrema velocidade que a anima; e sabeis que a massa de um corpo aumenta

com a velocidade no espaço. Um jato de água, se velocíssimo, oferece à penetração de outro corpo a mesma resistência de um sólido. Quando a massa de um gás, como o ar, se multiplica pela velocidade, adquire a propriedade da massa de um sólido. A pista sólida que sustenta o aeroplano — que é um sólido suspenso num gás — é a sua velocidade em relação com o ar que, por sua vez, se lançado qual tufão, derruba casas. Trata-se de relação. De fato, quanto mais veloz é o aeroplano, tanto menores podem ser suas asas. Sabeis que dar calor a um corpo quer dizer transmitir-lhe nova energia, isto é, imprimir-lhe nova velocidade interior. A análise espectral vos fornece com tanta exatidão a luz equivalente dos corpos, que torna possível, por meio dessa emanação dinâmica, individualizá-los à distância, na Astroquímica. É inútil correrdes atrás de vossos sentidos, na ilusão tátil da solidez, que julgais fundamental, porque é a primeira e fundamental sensação da vida terrestre. A solidez nada mais é que a soma de movimentos velocíssimos. Não vos iluda, também, a consistência das sensações, pois é devida somente à constância dos íntimos processos fenomênicos, no âmbito da Lei eterna. Os vossos sentidos não podem perceber sensações distintas, que se sucedam com extrema rapidez. A matéria é pura energia. Na sua íntima estrutura atômica, é um edifício de forças. Matéria, no sentido de corpo sólido, compacto, impenetrável, não existe. Não se trata senão de resistências, de reações; o que chamais de solidez é tão só a sensação que ininterruptamente vos dá aquela força que se opõe ao impulso e ao tato. É a velocidade que enche as imensas extensões de espaços vazios em que as unidades mínimas se movem. É a velocidade que forma a massa, a estabilidade, a coesão da matéria. Notai como os movimentos rotatórios, rapidíssimos, conferem ao giroscópio, enquanto duram, um equilíbrio autônomo estável. É a velocidade a força que se opõe a que as partículas da matéria se destaquem, e que as mantém unidas enquanto uma força contrária não prevaleça. Ainda quando decompuserdes a matéria naquilo que vos parecer serem os últimos elementos, nunca vos encontrareis em face de uma partícula sólida, compacta, indivisível. O átomo é um vórtice; vórtices são o elétron e o núcleo; vórtices são os centros e os satélites contidos no núcleo, e assim ao infinito. Quando imaginais uma partícula mínima, animada de velocidade, nunca tendes aí um corpo, no sentido comum, qual o figurais; é sempre um vórtice imaterial de velocidade. E a decomposição dos vórtices, em que rodopiam unidades vertiginosas, menores, prolonga-se ao infinito. Assim, na Substância não existe *matéria*, no sentido em que a compreendeis; apenas há *movimento*. E a diferença entre matéria e energia consiste apenas na diversidade de direção do movimento; *rotatório*, fechado em si mesmo, na matéria; *ondulatório*, de ciclo aberto e lançado no espaço, na energia. No princípio era o movimento; o movimento concentrou-se na matéria; da matéria nasceu a energia, e da energia emergirá o Espírito.

O *princípio espiritual*, crisálida de *consciência*, nasce, por transformação, da extrema evolução da *energia*, no berço da *matéria*.

Há três momentos decisivos e divinos em que o transformismo evolutivo assinala triunfos definitivos: o do surgimento da matéria, o do surgimento da energia e o do surgimento do princípio espiritual. Esses três momentos foram magnificamente focados por *Sua Voz*, na obra já citada. Eis o primeiro:

> De todas as partes do Universo as correntes trazem sempre nova energia; o movimento torna-se sempre mais intenso, o vórtice fecha-se em si mesmo, o turbilhão fica sendo um verdadeiro núcleo de atração dinâmica. Quando ele não pode sustentar no seu âmbito todo o ímpeto da energia acumulada, aparece um momento de máxima saturação dinâmica, um momento crítico em que a velocidade fica sendo massa, estabiliza-se nos infinitos sistemas planetários íntimos, de que nascera o núcleo, depois o átomo, a molécula, o cristal, o mineral, os amontoados solares, planetários e siderais. Da tempestade imensa nasceu a matéria. Deus criou (cap. 14).

Eis o segundo:

> Completada a maturação das formas de *matéria*, verificou-se também a expansão do vórtice galáctico, do centro para a periferia, o resfriamento e solidificação da matéria. Esta completou o ciclo de sua vida e a Substância, tomando novas formas, se muda lentamente, em individuações de mais elevado grau. A dimensão espaço se eleva à dimensão tempo. A matéria inicia uma transformação radical, doando todo o seu movimento tipo *matéria* ao movimento tipo *energia*. O vórtice nuclear do éter desenvolveu na fase *matéria* o vórtice atômico da matéria. Alcançado o

máximo da dilatação, este vórtice continua a se expandir, desenvolvendo as formas dinâmicas, e nasce a energia. A Substância continua a evolver, prosseguindo *na energia* a sua ascensão. A primeira emanação gravífica, de mínimo comprimento de onda e máxima frequência vibratória, máxima velocidade de propagação no sistema dinâmico, completa-se com a emanação radioativa da desintegração atômica. O processo de transformação dinâmica, que tem sua raiz na evolução estequiogenética isola-se, firmando-se decisivamente. O vórtice atômico despedaça-se e se *dissolve expelindo progressivamente do sistema aqueles elétrons já nascidos do sistema nuclear por igual expulsão*. É um contínuo tornar-se em ato daquilo que existia em potencialidade, encerrado em gérmen por concentração de movimento. Nascem novas espécies dinâmicas; depois da gravitação e da radioatividade, aparecem as radiações químicas, a luz, o calor, a eletricidade [...] (cap. 49).

Eis o terceiro:

O movimento, primeiro produto da evolução físico-dinâmica, é força centrífuga e tende, por isso, à difusão, à expansão, à desagregação da matéria. Expansão em todas as dimensões é, com efeito, a direção da evolução. Mas, de súbito, esta direção se inverte, pela lei de equilíbrio, em direção centrípeta, contraimpulso involutivo, e as forças de expansão completam-se com as de atração. Assim, a primeira explosão cinética encontra desde logo o seu ritmo; o princípio da Lei substitui a desordem, tão logo se manifesta, por uma nova ordem: o movimento equilibra-se num par de forças antagônicas. Assim, a gravitação vos aparece como energia cinética da matéria e, como sua primogênita, se lhe torna tão inerente, tão intimamente conexa, que não vos é possível isolá-la. Assim, a matéria atrai a matéria, e o Universo, formado por massas lançadas em todas as direções, e separadas por espaços imensos é, não obstante isso, *ligado* todo, formando uma unidade indissolúvel; é mantido coeso e, ao mesmo tempo, movido por essa força, que é a sua circulação e o seu respiro físico. Ao aparecer, pois, da forma protodinâmica, é que o Universo se move pela primeira vez, é que se geram os movimentos siderais, é que a gravitação passa a guiá-lo (a lei onipotente instantaneamente disciplina toda sua manifestação) segundo o binário atração-repulsão, que compõe o binômio (+ e −, positivo e negativo) constitutivo de toda força, como de toda manifestação do ser. A Substância adquire, na nova fase, a forma de consciência linear do *vir a ser* fenomênico, a primeira dimensão do sistema trino sucessivo ao espacial. Nasce o tempo. A protoforma da *energia* propaga-se. Com o movimento, nascem a direção, a corrente, a vibração, o ritmo, a onda. Nasce o tempo, que mede a velocidade de transmissão. O Universo é todo invadido por uma palpitação nova, de mais intensa, de mais rápida transformação. E quando a matéria, recondensada por concentração das correntes dinâmicas, inicia novamente o seu ciclo ascensional, é toda tomada de um vórtice dinâmico que a guia e plasma na gênese estelar, numa evolução diversa e superior à precedente, íntima maturação estequiogenética: uma madureza da qual nascerão não só miríades de novas criaturas mais ágeis e ativas, como eletricidade, luz, calor, som e toda a série das individuações dinâmicas, as quais, afinal, se destilarão na criação superior da vida. [...] Quando num sistema rotatório sobrevém uma força nova, essa se imite no sistema e tende a se acrescentar e se fundir no tipo de movimento circular preexistente. Podeis imaginar que profundas complicações advêm ao entrelaçamento, já de si mesmo complexo, das forças atrativo-repulsivas. O simples movimento circular se agiganta num mais complexo moto vorticoso. Pela imissão de novos elétrons, o movimento não somente se complica estruturalmente, mas se reforça, alimentado por novos impulsos. Em vez de um sistema planetário, tereis uma nova unidade que vos lembra os sorvedouros de água, as trombas marinhas, os turbilhões e ciclones. *O princípio cinético da matéria é assim retomado pela energia*, numa forma vorticosa muito mais complexa e poderosa. Nasce, assim, uma nova individuação da Substância, agora verdadeiro organismo cinético, em que todas as criações e conquistas, isto é, trajetórias e equilíbrios precedentes constituídos, subsistem mas se coordenam. [...] *O tipo dinâmico do vórtice* contém, embrionariamente todas as características fundamentais da individuação orgânica e do Eu pessoal (caps. 38 e 53).

O princípio espiritual é o gérmen do Espírito, a protoconsciência. Uma vez nascido, jamais se desfará, jamais morrerá. Filho de Deus altíssimo, inicia então a sua lenta evolução, no espaço e no tempo, rumo ao principado celeste, à infinita grandeza crística. Durante milênios vai residir nos cristais, em longuíssimo processo de autofixação, ensaiando aos poucos os primeiros movimentos internos de organização e crescimento, volumétrico, até que surja, no grande relógio da existência, o instante sublime em que será liberado para a glória orgânica da vida.

\*

Ninguém descreveu melhor do que o luminoso Espírito *Emmanuel* o surgimento da vida no planeta Terra. Por isso, pedimos licença ao glorioso orientador e à sua Editora, para transcrever aqui alguns trechos antológicos de *A caminho da luz*:

> Que força sobre-humana pôde manter o equilíbrio da nebulosa terrestre, destacada do núcleo central do sistema, conferindo-lhe um conjunto de leis matemáticas, dentro das quais se iam manifestar todos os fenômenos inteligentes e harmônicos de sua vida, por milênios de milênios? Distanciado do Sol cerca de 149.600.000 quilômetros e deslocando-se no espaço com a velocidade diária de 2.500.000 quilômetros, em torno do grande astro do dia, imaginemos a sua composição nos primeiros tempos de existência, como planeta.
>
> Laboratório de matérias ignescentes, o conflito das forças telúricas e das energias físico-químicas opera as grandiosas construções do teatro da vida, no imenso cadinho onde a temperatura se eleva, por vezes, a 2.000 graus de calor, como se a matéria, colocada num forno incandescente, estivesse sendo submetida aos mais diversos ensaios, para examinar-se a sua qualidade e possibilidades na edificação da nova escola dos seres. As descargas elétricas, em

proporções jamais vistas da Humanidade, despertam estranhas comoções no grande organismo planetário, cuja formação se processa nas oficinas do Infinito.

Nessa computação de valores cósmicos em que laboram os operários da Espiritualidade sob a orientação misericordiosa do Cristo, delibera-se a formação do satélite terrestre.

O programa de trabalhos a realizar-se no mundo requeria o concurso da Lua, nos seus mais íntimos detalhes. Ela seria a âncora do equilíbrio terrestre nos movimentos de translação que o globo efetuaria em torno da sede do sistema; o manancial de forças ordenadoras da estabilidade planetária e, sobretudo, o orbe nascente necessitaria da sua luz polarizada, cujo suave magnetismo atuaria decisivamente no drama infinito da criação e da reprodução de todas as espécies, nos variados reinos da Natureza.

Na grande oficina surge, então, a diferenciação da matéria ponderável, dando origem ao hidrogênio.

As vastidões atmosféricas são amplo repositório de energias elétricas e de vapores que trabalham as substâncias torturadas do orbe terrestre. O frio dos espaços atua, porém, sobre esse laboratório de energias incandescentes e a condensação dos metais verifica-se com a leve formação da crosta solidificada.

É o primeiro descanso das tumultuosas comoções geológicas do globo. Formam-se os primeiros oceanos, onde a água tépida sofre pressão difícil de descrever-se. A atmosfera está carregada de vapores aquosos e as grandes tempestades varrem, em todas as direções, a superfície do planeta, mas sobre a Terra o caos fica dominado como por encanto. As paisagens aclaram-se, fixando a luz solar que se projeta nesse novo teatro de evolução e vida.

As mãos de Jesus haviam descansado, após o longo período de confusão dos elementos físicos da organização planetária.

Sim, Ele havia vencido todos os pavores das energias desencadeadas; com suas legiões de trabalhadores divinos, lançou o escopro da sua misericórdia sobre o bloco de matéria informe, que a Sabedoria do Pai deslocara do Sol para as suas mãos augustas e compassivas. Operou a escultura geológica do orbe terreno, talhando a escola abençoada e grandiosa, na qual o seu coração haveria de expandir-se em amor, claridade e justiça. Com os seus exércitos de trabalhadores devotados, estatuiu os regulamentos dos fenômenos físicos da Terra, organizando-lhes o equilíbrio futuro na base dos corpos simples de matéria, cuja unidade substancial os espectroscópios terrenos puderam identificar por toda parte no Universo galáctico. Organizou o cenário da vida, criando, sob as vistas de Deus, o indispensável à existência dos seres do porvir. Fez a pressão atmosférica adequada ao homem, antecipando-se ao seu nascimento no mundo, no curso dos milênios; estabeleceu os grandes centros de força da ionosfera e da estratosfera, onde se harmonizam os fenômenos elétricos da existência planetária, e edificou as usinas de ozônio, a 40 e 60 quilômetros de altitude, para que filtrassem convenientemente os raios solares, manipulando-lhes a composição precisa à manutenção da vida organizada no orbe. Definiu todas as linhas de progresso da Humanidade futura, engendrando a harmonia de todas as forças físicas que presidem ao ciclo das atividades planetárias.

A ciência do mundo não lhe viu as mãos augustas e sábias na intimidade das energias que vitalizam o organismo do globo. Substituíram-lhe a providência com a palavra *natureza*, em todos os seus estudos e análises da existência, mas o seu amor foi o Verbo da Criação do princípio, como é e será a coroa gloriosa dos seres terrestres na imortalidade sem-fim. E quando serenaram os elementos do mundo nascente, quando a luz do Sol beijava, em silêncio, a beleza melancólica dos continentes e dos mares primitivos, Jesus reuniu, nas Alturas, os intérpretes divinos do seu pensamento. Viu-se, então, descer sobre a Terra, das amplidões dos espaços ilimitados, uma nuvem de forças cósmicas, que envolveu o imenso laboratório planetário em repouso.

Daí a algum tempo, na crosta solidificada do planeta, como no fundo dos oceanos, podia-se observar a existência de um elemento viscoso que cobria toda a Terra. Estavam dados os primeiros passos no caminho da vida organizada [...] (cap. 1).

Com essa massa gelatinosa, nascia no orbe o protoplasma e, com ele, lançara Jesus à superfície do mundo o germe sagrado dos primeiros homens. [...] Essa matéria, amorfa e viscosa, era o celeiro sagrado das sementes da vida. O protoplasma foi o embrião de todas as organizações do globo terrestre e, se essa matéria, sem forma definida, cobria a crosta solidificada do planeta, em breve a condensação da massa dava origem ao surgimento do núcleo, iniciando-se as primeiras manifestações dos seres vivos. Os primeiros habitantes da Terra, no plano material, são as células albuminoides, as amebas e todas as organizações unicelulares, isoladas e livres, que se multiplicam prodigiosamente na temperatura tépida dos oceanos. Com o escoar incessante do tempo, esses seres primordiais se movem ao longo das águas, onde encontram o oxigênio necessário ao entretenimento da vida, elemento que a terra firme não possuía ainda em proporções de manter a existência animal, antes das grandes vegetações; esses seres rudimentares somente revelam um sentido — o do tato, que deu origem a todos os outros, em função de aperfeiçoamento dos organismos superiores (cap. 2).

As afirmações de *Emmanuel* não são invencionices romanescas. *Claude Bernard*, o eminente fundador da Fisiologia geral, reconheceu a excepcional importância do protoplasma "como sede de todos os processos físicos e químicos vitais". Também os citologistas utilizam o termo para conceituar globalmente o conteúdo vivo da célula.

Escreveu *Ernest Robert Trattner*, em seu livro *Arquitetos de ideias* (RJ: Globo, 7. ed.):

Uma vez descoberta a importância universal da célula, os biologistas deram assalto à sua estrutura interna, de modo muito parecido com o dos sucessores de Dalton a explorar o mundo intra-atômico. Deparou-se-lhes um complexo sistema vivo que continha muitos componentes estruturais altamente diferenciados e de profunda diversidade química. Acima de tudo, descobriram o protoplasma, uma substância viscosa, acinzentada, translúcida, possuindo extraordinária uniformidade tanto nas células animais como vegetais. Colorida e observada ao microscópio, revela uma estrutura granular ou finamente reticulada. Dentro do protoplasma acha-se a parte central mais densa chamada núcleo, separada por uma membrana identificável. Fisicamente, pouco se distingue do protoplasma; só difere dele na constituição química. Quimicamente, o protoplasma é formado por três quartas partes de água; a outra parte é constituída principalmente de proteína, açúcares, gorduras e sais. É no complexo proteico do protoplasma que a Ciência procura hoje descobrir as propriedades últimas dessa coisa indefinível que se chama vida (cap. 8 – Schwann, a Teoria da Célula, p. 192).

Também *Sua Voz* comenta, em *A grande síntese*:

No transformismo evolutivo aparece primeiro a matéria: a terra. Move-se depois a energia: a luz. Nas cálidas bacias das águas, a mais alta forma evolutiva dinâmica concentra-se na potencialidade ainda mais alta de um novo Eu fenomênico e nasce o primeiro gérmen da vida, na sua primordial forma vegetal, que se alastrou depois sobre a terra e ascendeu às formas animais, sempre ansiosas de subir (cap. 45).

O protoplasma era, na verdade, um fluido composto de água, proteínas, açúcares, gorduras, sais... e, o que é de decisiva importância, de mônadas espirituais, destacadas, pelos prepostos crísticos, dos cristais onde completaram seu estágio de individuação. Por isso, o protoplasma encerrava o gérmen da vida — o princípio espiritual que iria ensaiar seus primeiros movimentos no íntimo das células albuminoides. Esclarece ainda Emmanuel:

> Decorrido muito tempo, eis que as amebas primitivas se associam para a vida celular em comum, formando-se as colônias de polipeiros, em obediência aos planos da construção definitiva do porvir, emanados do Mundo Espiritual onde todo o progresso da Terra tem a sua gênese. Os reinos vegetal e animal parecem confundidos nas profundidades oceânicas. Não existem formas definidas nem expressão individual nessas sociedades de infusórios; mas, desses conjuntos singulares, formam-se ensaios de vida que já apresentam caracteres e rudimentos dos organismos superiores (cap. 2).

Minudencia, depois disso, os longos e pacientes trabalhos dos operários de Jesus na elaboração das formas dos seres primitivos, fala do surgimento dos primeiros crustáceos, dos primeiros batráquios, das opulentas florestas primevas, dos répteis, do estabelecimento de "uma linhagem definitiva para todas as espécies, dentro das quais o princípio espiritual encontraria o processo de seu acrisolamento, em marcha para a racionalidade".

É no mesmo sentido o que registra *O livro dos espíritos*. Tratando da formação dos seres vivos, em nosso mundo, é este o seu ensino:

> No começo, tudo era caos; os elementos estavam em confusão. Pouco a pouco, cada coisa tomou o seu lugar.

Apareceram então os seres vivos apropriados ao estado do globo. A Terra lhes continha os germens, que aguardavam momento favorável para se desenvolverem. [...] Os Espíritos são a individualização do princípio inteligente, como os corpos são a individualização do princípio material (q. 43, 44 e 79).

Em seu livro: *Evolução em dois mundos*, escreve André Luiz:

> Das cristalizações atômicas e dos minerais, dos vírus e do protoplasma, das bactérias e das amebas, das algas e dos vegetais do período pré-câmbrico, aos fetos e às licopodiáceas, aos trilobitas e cistídeos, aos cefalópodes, foraminíferos e radiolários dos terrenos silurianos, o princípio espiritual atingiu os espongiários e celenterados da era paleozoica, esboçando a estrutura esquelética.
>
> Avançando pelos equinodermos e crustáceos, entre os quais ensaiou, durante milênios, o sistema vascular e o sistema nervoso, caminhou na direção dos ganoides e teleósteos, arquegossauros e labirintodontes, para culminar nos grandes lacertinos e nas aves estranhas, descendentes dos pterossáurios, no jurássico superior, chegando à época supracretácea para entrar na classe dos primeiros mamíferos, procedentes dos répteis teromorfos.
>
> Viajando sempre, adquire entre os dromatérios e anfitérios os rudimentos das reações psicológicas superiores, incorporando as conquistas do instinto e da inteligência.

> Estagiando nos marsupiais e cetáceos do eoceno médio, nos rinocerotídeos, cervídeos, antilopídeos, equídeos, canídeos, proboscídeos e antropoides inferiores do mioceno e exteriorizando-se nos mamíferos mais nobres do plioceno, incorpora aquisições de importância entre os megatérios e mamutes, precursores da fauna atual da Terra, e, alcançando os pitecantropoides da era quaternária, que antecederam as embrionárias civilizações paleolíticas, a mônada vertida do Plano Espiritual sobre o plano físico atravessou os mais rudes crivos da adaptação e seleção, assimilando os valores múltiplos da organização, da reprodução, da memória, do instinto, da sensibilidade, da percepção e da preservação própria, penetrando, assim, pelas vias da inteligência mais completa e laboriosamente adquirida, nas faixas inaugurais da razão (cap. 3).

De absoluta coerência com todas essas assertivas é o ensino contido em *Os quatro evangelhos,* obra psicografada por Mme. Collignon e publicada sob a coordenação de *J. -B. Roustaing*. Eis alguns de seus trechos:

> Na Criação, tudo, tudo tem uma origem comum; tudo vem do infinitamente pequeno para o infinitamente grande, até Deus, ponto de partida e de reunião. [...] O fluido universal, que toca de perto a Deus e dele parte, *constitui*, pela sua quintessência e *mediante as combinações, modificações, transformações* de que é passível, o instrumento e o meio de que se serve a Inteligência suprema para, pela onipotência da sua vontade, operar, no infinito e na eternidade, todas as criações espirituais, materiais e fluídicas destinadas à vida

e à harmonia universais, para operar a Criação de todos os mundos, de todos os seres, em todos os reinos da Natureza, de tudo que se move, vive, é. [...] Ao serem formados os mundos primitivos, na sua composição entram todos os princípios, de ordem espiritual, material e fluídica, constitutivos dos diversos reinos que os séculos terão de elaborar. O princípio inteligente se desenvolve ao mesmo tempo que a matéria e com ela progride, passando da inércia à vida. [...] Essa multidão de princípios latentes aguarda, no estado catalítico, em o meio e sob a influência dos ambientes destinados a fazê-los desabrochar, que o soberano Mestre lhes dê destino e os aproprie ao fim a que devam servir, segundo as leis naturais, imutáveis e eternas por Ele mesmo estabelecidas. Tais princípios sofrem passivamente, por meio das eternidades e sob a vigilância dos Espíritos prepostos, as transformações que os hão de desenvolver, passando sucessivamente pelos reinos mineral, vegetal e animal e pelas formas e espécies intermediárias que se sucedem entre cada dois desses reinos. Chegam, dessa maneira, numa progressão contínua, ao período preparatório do estado de Espírito formado, isto é, ao estado intermédio da encarnação animal e do estado espiritual consciente. Depois, vencido esse período preparatório, chegam ao estado de criaturas possuidoras do livre-arbítrio, com inteligência capaz de raciocínio, independentes e responsáveis pelos seus atos. Galgam assim o fastígio da inteligência, da ciência e da grandeza (v. 1, it. 56).

Os autores da *Revelação da revelação* são, porém, mais explícitos ainda:

A essência espiritual, que no mineral reside, não é uma individualidade, não se assemelha ao pólipo que, por cissiparidade, se multiplica ao infinito. Ela forma um conjunto que se personifica, que se divide, quando há divisão na massa em consequência da extração, e atinge desse modo a individualidade, como sucede com o princípio que anima o pólipo, com o princípio que anima certas plantas. A essência espiritual sofre, no reino mineral, sucessivas materializações, necessárias a *prepará-la* para passar pelas formas intermédias, que participam do mineral e do vegetal. Dizemos — *materializações,* por não podermos dizer encarnações para estrear-se *como ser*. Depois de haver passado por essas formas e espécies intermediárias, que se ligam entre si numa progressão contínua, e de se haver, sob a influência da dupla ação magnética que operou a vida e a morte nas fases de existências já percorridas, *preparado para sofrer* no vegetal a prova *que a espera, da sensação,* a essência espiritual, Espírito em estado de formação, passa ao reino vegetal. É um desenvolvimento, mas ainda sem que o ser tenha consciência de si. A existência material é *então* mais curta, porém mais progressiva. Não há nem consciência, nem sofrimento. *Há sensação.* Assim, a árvore da qual se retira um galho experimenta uma espécie de eco da secção feita, mas não sofrimento. É como que uma repercussão que vai de um ponto a outro, sucedendo o mesmo quando a planta é violentamente arrancada do solo, antes de completado o tempo da maturidade. [...] Morto o vegetal, a essência espiritual é transportada para outro ponto e, depois de haver passado, sempre em marcha progressiva, pelas necessárias e sucessivas materializações, percorre as formas e espécies intermediárias, que participam do *vegetal* e do *animal*. Só então, nestas últimas fases de existência, que são as em que aquela essência começa a ter a impressão de *um ato exterior*, ainda que sem *consciência de sua causa e de seus efeitos, há sensação de sofrimento*. Sob a direção e a vigilância dos Espíritos prepostos, o Espírito em formação efetua assim, sempre numa progressão contínua, o seu desenvolvimento com relação à matéria que o envolve e chega a adquirir a *consciência* de ser. Preparado para a vida ativa, exterior, para a vida de relação, passa ele ao reino animal. Torna-se então princípio inteligente, de uma *inteligência relativa*, a que chamais — *instinto*; de uma inteligência *relativa* às necessidades físicas, à conservação, a tudo o que a vida material exige, dispondo de vontade e de faculdade, *mas* limitadas àquelas necessidades, àquela conservação, à vida material, à função que lhe é atribuída, à utilidade que deve ter, ao fim a que é destinado em a Natureza, sob os pontos de vista da conservação, da reprodução e da destruição, na medida em que haja de concorrer para a vida e para a harmonia universais. Sempre em estado de formação, pois que não possui ainda livre-arbítrio, inteligência independente capaz de raciocínio, consciência de suas faculdades e de seus atos, o Espírito, sem sair do reino animal, seguindo sempre uma marcha progressiva contínua e de acordo com os progressos realizados e com a necessidade dos progressos a realizar, passa por todas as fases de existência, sucessivas e necessárias ao seu desenvolvimento e por meio das quais chega às formas e espécies, intermediárias, que participam do animal e do homem. Passa depois por essas espécies intermediárias que, pouco a pouco, insensivelmente, o aproximam cada vez mais do reino humano, porquanto, se é certo que o Espírito sustenta a matéria, não menos certo é que a matéria lhe auxilia o desenvolvimento. Depois de haver passado por todas as transfigurações da matéria, por todas as fases de desenvolvimento, para atingir um certo grau de inteligência, o Espírito chega ao ponto de preparação para o estado espiritual consciente, chega a esse momento que os vossos sábios, tão pouco sabedores dos mistérios da Natureza, não logram definir, momento em que *cessa o instinto e começa o pensamento*. [...] Atingindo o ponto de preparação para entrarem no reino humano, os Espíritos se preparam, de fato, em mundos *ad hoc*, para a vida espiritual consciente, independente e livre. A vontade do soberano Senhor lhes dá a consciência de suas faculdades e, por conseguinte, de seus atos, consciência que produz o livre-arbítrio, a vida moral, a inteligência independente e capaz de raciocínio, a responsabilidade (v. 1, it. 56).

**Sobre esses mundos** *ad hoc*, onde os Espíritos, ou melhor, os princípios espirituais se preparam para a vida consciente, André Luiz dá rápidas notícias em seu livro *Libertação*, ao descrever determinada cidade espiritual situada nas regiões umbralinas. Diz ele, a certa altura, reproduzindo elucidações de um instrutor:

> Milhares de criaturas, utilizadas nos serviços mais rudes da Natureza, movimentavam-se nestes sítios em posição infraterrestre. A ignorância, por ora, não lhes confere a glória da responsabilidade. Em desenvolvimento de tendências

dignas, candidatam-se à Humanidade que conhecemos na crosta. Situam-se entre o raciocínio fragmentário do macacoide e a ideia simples do homem primitivo na floresta. Afeiçoam-se a personalidades encarnadas ou obedecem, cegamente, aos Espíritos prepotentes que dominam em paisagens como esta. Guardam, enfim, a ingenuidade do selvagem e a fidelidade do cão. O contato com certos indivíduos inclina-os ao bem ou ao mal e somos responsabilizados, pelas Forças superiores que nos governam, quanto ao tipo de influência que exercemos sobre a mente infantil de semelhantes criaturas (cap. 4).

Deixemos ainda a *André Luiz* (*Evolução em dois mundos*) a palavra conclusiva sobre o assunto deste capítulo:

> Vestindo-se de matéria densa no plano físico e desnudando-se dela no fenômeno da morte, para revestir-se de matéria sutil no plano extrafísico e renascer de novo na crosta da Terra, em inumeráveis estações de aprendizado, é que o princípio espiritual incorporou todos os cabedais da inteligência que lhe brilhariam no cérebro do futuro, pelas chamadas atividades reflexas do inconsciente. [...] Se, no círculo humano, a inteligência é seguida pela razão e a razão pela responsabilidade, nas linhas da Civilização, sob os signos da cultura, observamos que, na retaguarda do transformismo, o reflexo precede o instinto, tanto quanto o instinto precede a atividade refletida, que é a base da inteligência nos depósitos do conhecimento adquirido por recapitulação e transmissão incessantes, nos milhares de milênios em que o princípio espiritual atravessa lentamente

os círculos elementares da Natureza, qual vaso vivo, de fôrma em fôrma, até configurar-se no indivíduo humano, em trânsito para a maturação sublimada no campo angélico. [...] ... O tato nasceu no princípio inteligente, na sua passagem pelas células nucleares em seus impulsos ameboides; ... a visão principiou pela sensibilidade do plasma nos flagelados monocelulares expostos ao clarão solar; [...] o olfato começou nos animais aquáticos de expressão simples, por excitações do ambiente em que evolviam; [...] o gosto surgiu nas plantas, muitas delas armadas de pelos viscosos destilando sucos digestivos; [...] as primeiras sensações do sexo apareceram com algas marinhas providas não só de células masculinas e femininas que nadam, atraídas umas para as outras, mas também de um esboço de epiderme sensível, que podemos definir como região secundária de simpatias genésicas. [...] Examinando, pois, o fenômeno da reflexão sistemática, gerando o automatismo que assinala a inteligência de todas as ações espontâneas do corpo espiritual, reconhecemos sem dificuldade que a marcha do princípio inteligente para o reino humano e que a viagem da consciência humana para o reino angélico simbolizam a expansão multimilenar da criatura de Deus que, por força da Lei Divina, deve merecer, com o trabalho de si mesma, a auréola da imortalidade em pleno Céu (cap. 4).

# 4
# CONSCIÊNCIA E RESPONSABILIDADE

O livro *A razão* (SP, Difusão Europeia, 1962), do emérito professor Gilles-Gaston Granger, da Faculdade de Filosofia de Rennes é, sem favor, uma das melhores obras ultimamente publicadas sobre esse tema fundamental da Filosofia. O autor desse trabalho de cunho didático e de inegável seriedade declarou, logo nas primeiras páginas, que se propunha realizar exposição sintética, a partir do seguinte esquema:

> Uma primeira sondagem histórica permitir-nos-á esboçar inicialmente, neste preâmbulo, uma genealogia sumária da noção de razão. O primeiro capítulo poderá em seguida consagrar-se ao esboço de uma espécie de imagem por contraste do conceito, examinando três atitudes negativas em relação à razão: misticismo, romantismo, existencialismo. No segundo capítulo, estudaremos bastante à vontade os traços mais marcantes do racionalismo da ciência contemporânea.

O capítulo seguinte tratará mais brevemente do que se pode chamar a razão histórica. Com o último capítulo enfim aparecerá a preocupação de avaliar em que medida a razão permanece hoje uma das forças vivas da civilização e um dos elementos mais fundamentais de nosso destino (Introd., p. 11).

Assim realmente procedeu, mas acabou chegando a conclusões que se chocam claramente com as ideias que inicialmente defendeu. Enquanto afirmava, no início de seu trabalho, que "a razão se propõe não somente como uma técnica, ou como um fato, mas como um valor" (Introd., cap.11), que se opunha ou se justapunha a outros valores, já na metade do livro viu-se obrigado a reconhecer que "a História das ideias demonstra uma evolução da razão", para acabar escrevendo, exatamente na última página, estas palavras fulgurantes: "Finalmente, verificamos que a razão, longe de ser uma forma definitivamente fixa do pensamento, é uma incessante conquista" (*Conclusão*, p. 127 e 128).

Nenhum valor teria tal afirmação se fosse feita por qualquer desinformado arrivista, mas seu formulador é um dos mais respeitados catedráticos do mundo cultural hodierno, numa análise estruturada sobre as ideias do Racionalismo na História da Filosofia, de Platão a Marx; da Psicossociologia da Razão, de Mannheim a Piaget; e sobre as ideias de Bergson e de Brunschvicg, de Cassirer e de Chestov, de Pradines e de Sartre, de Aron, Cournot e Lefebvre.

Cumpre-nos, porém, reconhecer que o conceito de evolução esposado por Granger é de natureza essencialmente histórica e sociológica, e portanto externa e superficial.

Não atinge a essência da realidade, porque ignora a evolução do pensamento como função e consequência da evolução da mente que o gera, do ser espiritual que o produz. Somente na Filosofia espírita a *razão* aparece definida como capacidade de entender, de discernir, de escolher, de optar, de agir conscientemente e, portanto, de assumir responsabilidade — condição *sine qua non* de progresso espiritual.

Ensina *O livro dos espíritos* (Parte 1ª., cap. 4, q. 71 a 75-a) que o instinto é uma inteligência rudimentar que nunca se transvia e que é a razão que permite a escolha e dá ao homem o livre-arbítrio. Ensina também (Parte 2ª., cap. 1, q. 122 a 127 e Nota) que

> o livre-arbítrio se desenvolve à medida que o Espírito adquire a consciência de si mesmo. Já não haveria liberdade, desde que a escolha fosse determinada por uma causa independente da vontade do Espírito. A causa não está nele, está fora dele, nas influências a que cede em virtude da sua livre vontade. É o que se contém na grande figura emblemática da queda do homem e do pecado original: uns cederam à tentação, outros resistiram. As influências más que sobre ele se exercem são dos Espíritos imperfeitos, que procuram apoderar-se dele, dominá-lo, e que rejubilam com o fazê-lo sucumbir. Foi isso o que se intentou simbolizar na figura de Satanás. Tal influência acompanha-o na sua vida de Espírito, até que haja conseguido tanto império sobre si mesmo, que os maus desistem de obsidiá-lo. A sabedoria de Deus está na liberdade de escolher que Ele deixa a cada um, porquanto, assim, cada um tem o mérito de suas obras.

## Universo e Vida

Essas noções de desenvolvimento progressivo do livre-arbítrio e da consciência são de fundamental importância para o entendimento dos processos da evolução, nos quais tudo se encadeia harmoniosamente, num crescendo infinito. — "A economia de energia, que a lei do mínimo esforço impõe, limita a consciência humana ao âmbito onde se executa o trabalho útil das construções" — diz *Sua Voz*, em *A grande síntese* (cap. 65). E acrescenta:

> O que foi vivido e definitivamente assimilado é abandonado nos substratos da consciência, zona que podeis denominar o subconsciente. Nessa conformidade, o processo de assimilação, base do desenvolvimento da consciência, se opera exatamente por transmissão ao subconsciente, onde tudo se conserva, ainda que esquecido, pronto a ressurgir tão logo um impulso o excite, um fato o reclame. O subconsciente é precisamente a zona dos instintos, das ideias inatas, das qualidades adquiridas; é o passado transposto, inferior, mas adquirido (misoneísmo). Aí se depositam todos os produtos substanciais da vida; nessa zona reencontrais o que tendes sido e o que tendes feito; descortinais a estrada percorrida na construção de vós mesmos, assim como nas estratificações geológicas descobris a vida vivida pelo planeta. [...] Assim, pois, a consciência representa apenas a zona da personalidade onde se realiza o labor da construção do Eu e de seu ulterior progresso. Em outros termos: ela se limita só a zona de trabalho; e é lógico. O consciente compreende unicamente a fase ativa, a única que sentis e conheceis, porque é a fase em que viveis e em que a evolução se opera.[...] Compreendereis

agora a estupenda presciência do instinto e de que infinita série de ensaios, incertezas e tentativas, seja ele o resultado. O indivíduo há de ter aprendido alguma vez essa ciência, pois do nada, nada nasce; há de ter-se adestrado na constância das leis ambientes que ela pressupõe, a que correspondiam seus órgãos, e para as quais ele foi feito e proporcionado. Sem uma infinita série de contatos, de ensaios, de adaptações no período das formações, não se explicaria uma tão perfeita correspondência de órgãos e instintos, antecipando-se à ação, no seio de uma natureza que avança por meio de tentativas, nem tampouco se explicaria a sua hereditariedade. No instinto, a sapiência está conquistada; já foi superada a fase de tentativas; já foi vencida a necessidade de recorrer a uma linha de lógica que, oferecendo diversas soluções, demonstra a fase insegura, incerta, em que entram em jogo os atos raciocinados, mas onde o instinto uma só via conhece, e a melhor. Se é certo que a razão cobre um campo muito mais extenso que o limitado campo do instinto (e nisto o homem supera o animal, dominando zonas que este ignora), não é menos certo que, no seu campo, o instinto alcançou um grau de maturação mais avançado, expresso pela segurança dos seus atos, e um grau de perfeição ainda não atingido pela razão humana que, ao agir por tentativas, revela evidentes características de sua fase de formação. E, assim como o animal raciocina, porém rudimentarmente, no período da construção do seu instinto, a razão humana alcançará, quando a sua formação estiver completa, uma forma de instinto complexa, maravilhosa, que revelará a mais profunda sabedoria. No homem subsiste todo instinto animal, de que a razão não é mais do que continuação. Podeis agora compreender que instinto e razão mais não são do que duas fases de consciência (cap. 65).

Diz ainda *Sua Voz:*

> Com a evolução, o ser se subtrai progressivamente aos limites do determinismo físico, que no nível da matéria é geométrico, inflexível e idêntico em qualquer sentido. A vida começa a se libertar das cadeias desse absolutismo; o seu psiquismo crescente se constitui em nova causa que se sobrepõe à estabelecida pelas leis físicas. O animal adquire, já, uma liberdade de ação ignorada no mundo físico. Chega-se, assim, ao reino humano do Espírito, e ultrapassa-se esse reino, quando então o livre-arbítrio se afirma definitivamente. A lei do baixo mundo da matéria é determinismo; por evolução, opera-se a passagem do determinismo ao livre-arbítrio [...] Só há responsabilidade onde há liberdade (cap. 66).

Absolutamente concordante é, a respeito, o ensino de André Luiz, em seu livro *No mundo maior* (cap. 3):

> Não somos criações milagrosas, destinadas ao adorno de um paraíso de papelão. Somos filhos de Deus e herdeiros dos séculos, conquistando valores, de experiência em experiência, de milênio a milênio. Não há favoritismo no Templo universal do Eterno, e todas as forças da Criação aperfeiçoam-se no infinito. A crisálida de consciência, que reside no cristal a rolar na corrente do rio, aí se acha em processo liberatório;

as árvores que por vezes se aprumam centenas de anos, a suportar os golpes do inverno e acalentadas pelas carícias da primavera, estão conquistando a memória; a fêmea do tigre, lambendo os filhinhos recém-natos, aprende rudimentos do amor; o símio, guinchando, organiza a faculdade da palavra. Em verdade, Deus criou o mundo, mas nós nos conservamos ainda longe da obra completa. Os seres que habitam o Universo ressumbrarão suor por muito tempo, a aprimorá-lo. Assim também a individualidade. Somos Criação do Autor Divino, e devemos aperfeiçoar-nos integralmente. O eterno Pai estabeleceu como lei universal que seja a perfeição obra de cooperativismo entre Ele e nós, os seus filhos. [...] Desde a ameba, na tépida água do mar, até o homem, vimos lutando, aprendendo e selecionando invariavelmente. Para adquirir movimento e músculos, faculdades e raciocínios, experimentamos a vida e por ela fomos experimentados, milhares de anos. [...] No sistema nervoso, temos o cérebro inicial, repositório dos movimentos instintivos e sede das atividades subconscientes; figuremo-lo como sendo o porão da individualidade, onde arquivamos todas as experiências e registramos os menores fatos da vida. Na região do córtex motor, zona intermediária entre os lobos frontais e os nervos, temos o cérebro desenvolvido, consubstanciando as energias motoras de que se serve a nossa mente para as manifestações imprescindíveis no atual momento evolutivo do nosso modo de ser. Nos planos dos lobos frontais, silenciosos ainda para a investigação científica do mundo, jazem materiais de ordem sublime, que conquistaremos gradualmente, no esforço de ascensão, representando a parte mais nobre de nosso organismo em evolução. [...] Não podemos dizer que possuímos três cérebros simultaneamente. Temos apenas um que, porém, se divide em três regiões distintas. Tomemo-lo como se fora um castelo de três andares: no primeiro situamos a *residência de nossos impulsos automáticos*, simbolizando o sumário vivo dos serviços realizados; no segundo localizamos o *domicílio das conquistas atuais*, onde se erguem e se consolidam as qualidades nobres que estamos edificando; no terceiro, temos a *casa das noções superiores*, indicando as eminências que nos cumpre atingir. Num deles moram o hábito e o automatismo; no outro residem o esforço e a vontade; e no último demoram o ideal e a meta superior a ser alcançada. Distribuímos, deste modo, nos três andares, o subconsciente, o consciente e o superconsciente. Como vemos, possuímos em nós mesmos o passado, o presente e o futuro.

De inteira coerência com os ensinamentos de *O livro dos espíritos*, com as ideias de Allan Kardec, com os esclarecimentos de *Sua Voz* e com as lições de André Luiz, é o que dizem J.-B. Roustaing e os autores espirituais de *Os quatro evangelhos*, quando comentam os textos evangélicos de *Mateus* (1:1 a 17) e de *Lucas* (3:23 a 38):

> Sempre em estado de formação, pois que não possui ainda livre-arbítrio, inteligência independente capaz de raciocínio, consciência de suas faculdades e de seus atos, o Espírito, sem sair do reino animal, seguindo sempre uma marcha progressiva contínua e de acordo com os progressos realizados e com a necessidade dos progressos a realizar, passa por todas as fases de existência, sucessivas e

necessárias ao seu desenvolvimento e por meio das quais chega às formas e espécies intermediárias, que participam do animal e do homem. Passa depois por essas espécies intermediárias que, pouco a pouco, insensivelmente, o aproximam cada vez mais do reino humano, porquanto, se é certo que o Espírito sustenta a matéria, não menos certo é que a matéria lhe auxilia o desenvolvimento.

Depois de haver passado por todas as transfigurações da matéria, por todas as fases de desenvolvimento para atingir um certo grau de inteligência, o Espírito chega ao ponto de preparação para o estado espiritual consciente, chega a esse momento que os vossos sábios, tão pouco sabedores dos mistérios da Natureza, não logram definir, momento em que *cessa o instinto e começa o pensamento*. [...] Tudo, repetimos, tem uma origem comum: tudo vem do infinitamente pequeno para o infinitamente grande, para Deus, ponto de partida e de reunião. Tudo provém de Deus e volta a Deus. Observai como tudo se encadeia na imensa Natureza que o Senhor vos faz descortinar.

Observai como em todos os reinos há espécies intermediárias, que ligam entre si todas as espécies, uma participando do mineral e do vegetal, da pedra e da planta; outras do vegetal e do animal, da planta e do animal; outras, enfim, do animal e do homem. São elos preciosos que tudo ligam, que tudo mantêm e pelos quais atravessa o Espírito no estado de formação. Passando sucessivamente por todos os reinos e por aquelas espécies intermediárias, o Espírito, mediante um desenvolvimento gradual e contínuo, ascende da condição de essência espiritual originária à de Espírito formado, à vida consciente, livre e responsável, à condição de homem. [...] Tempo longo, *cuja duração sois incapazes de calcular*, demanda a essência espiritual no estado de inteligência relativa, no estado de animal, para adquirir, nesse reino, o desenvolvimento que lhe permita passar ao estado intermediário, que lhe permita, em seguida, atravessar as espécies que participam do animal e do homem. Depois de haver passado por todas essas espécies intermédias, ela permanece ainda longo tempo, cuja duração não sois igualmente capazes de calcular, na fase preparatória da sua entrada na Humanidade, fase esta da qual, pela vontade do Senhor e *mediante uma transformação completa*, sai o Espírito formado, com inteligência independente, livre e responsável. [...] Tudo, tudo, na grande unidade da Criação, nasce, existe, vive, funciona, morre e renasce para harmonia do Universo, sob a ação espírita universal que, à sua vez, se exerce, pela vontade de Deus e segundo as leis naturais e imutáveis que Ele estabeleceu desde toda eternidade, mediante as aplicações e apropriações dessas leis. [...] Sim, vós, nós, todos, todos, exceto Aquele que foi e será desde e por toda a eternidade, todos fomos, na nossa origem, essência espiritual, princípio de inteligência, Espírito em estado de formação; todos hemos passado por essas metamorfoses, por essas transfigurações e transformações da matéria, para chegarmos à condição de Espírito formado, de inteligência independente, capaz de raciocínio, com a consciência da sua vontade, das suas faculdades e de seus atos, por efeito do livre-arbítrio; à condição de criatura independente, livre e responsável (v. 1, it. 56).

A essa altura, os esclarecimentos dos Espíritos reveladores, que falam na obra de Roustaing, são de magna importância:

> Depois de haver passado pela matéria animal, chegando a um certo grau de desenvolvimento, o Espírito, antes de entrar na vida *espiritual*, precisa permanecer num estado misto. Eis por que e como se opera essa estagnação, sob a direção e a vigilância dos Espíritos prepostos. Para entrar na vida ativa, consciente, independente e livre, o Espírito tem necessidade de se libertar inteiramente do contato forçado em que esteve com a carne, de esquecer as suas relações com a matéria, de se depurar dessas relações. É nesse momento que se prepara a transformação do instinto em inteligência consciente. Suficientemente desenvolvido no estado animal, o Espírito é, *de certo modo*, restituído ao todo universal, mas em condições especiais: é conduzido aos mundos *ad hoc*, às regiões preparativas, pois que lhe cumpre achar o meio onde se elaboram os princípios constitutivos do perispírito. Fraco raio de luz, ele se vê lançado numa massa de vapores que o envolvem por todos os lados. Aí perde a consciência do seu ser, porquanto a influência da matéria tem que se anular *no período da estagnação, e cai* num estado a que chamaremos, para que nos possais compreender, letargia. Durante esse período, o perispírito, destinado a receber o *princípio espiritual*, se desenvolve, se constitui ao derredor daquela centelha de verdadeira vida. Toma a princípio uma forma indistinta, depois se aperfeiçoa gradualmente como o gérmen no seio materno e passa por todas as fases do desenvolvimento.

Quando o invólucro está pronto para contê-lo, o Espírito sai do torpor em que jazia e solta o seu primeiro brado de admiração. Nesse ponto, o perispírito é completamente fluídico, mesmo para nós. Tão pálida é a chama que ele encerra, a essência espiritual da vida, que os nossos sentidos, embora sutilíssimos, dificilmente a distinguem. Esse o estado de infância espiritual (v. 1, it. 57).

Reconhecemos aqui a necessidade da prestação de alguns esclarecimentos que clarifiquem o texto transcrito. Existem na Espiritualidade grandes instituições, extremamente especializadas, em verdadeiras cidades espirituais, para onde são encaminhadas as *mônadas*, ou princípios espirituais, que, tendo atingido o máximo grau evolutivo suscetível de ser obtido nos reinos inferiores da Natureza, fazem jus ao ingresso no reino das *inteligências conscientes*. Trata-se de portentosas organizações, sem qualquer similar entre as organizações terrestres, exclusivamente dedicadas às operações de eclosão da luz da consciência, da autoidentidade, da razão, do livre-arbítrio. Nos seus indescritíveis complexos funcionam serviços de extrema delicadeza, semelhantes a Maternidades Espirituais, dotadas de Câmaras de Ativação, Câmaras de Reciclagem e de Adaptação e Câmaras de Desenvolvimento Psíquico, onde os princípios espirituais são submetidos a tratamentos eletromagnéticos que ultrapassam o estágio atual da compreensão dos homens encarnados. Esses complicados tratamentos visam a fazer eclodir o Eu consciente nos seres fronteiriços já maduros para a conquista dos dons do raciocínio propriamente dito, ou seja, do pensamento contínuo. Essas operações, de inaudita responsabilidade, são levadas a efeito por meio de técnicas requintadíssimas, ainda inapreciáveis pelo homem comum, e das quais não podemos, por enquanto, dar pormenorizadas notícias. Operadores de altíssima qualificação agem, nessas organizações, como verdadeiros *parteiros de consciências,* sob a direta supervisão de Grandes Gênios do Mundo Maior, que os assistem em nome do Pai criador.

Ganhando a consciência progressiva de si mesmos, essas verdadeiras *crianças espirituais* são tratadas como tais, naqueles grandes educandários, que são desde creches e lares, até jardins de infância, escolas e parques de instrução e recreio.

Feitas estas rápidas observações, restituamos a palavra aos Espíritos reveladores, para que prossigam na sua dissertação:

> É então que os altos Espíritos que presidem à educação dos que se encontram assim no estado de simplicidade, de ignorância, de inocência, os encaminham para as esferas fluídicas onde deverão ficar durante o seu desenvolvimento moral e intelectual até o momento em que se achem no uso completo de suas faculdades e, portanto, em condições de escolher o caminho pelo qual enveredem. Seguem-se as fases da infância: os guias protetores ensinam ao Espírito o que é o livre-arbítrio que Deus lhes concede, explicam o uso que dele pode fazer e o concitam a se ter em guarda contra os escolhos com que venha a se deparar. O reconhecimento e o amor devidos ao grande Ser constituem o objeto da primeira lição que o Espírito recebe. Levam-no depois, gradualmente, ao estudo dos fluidos que o cercam,

das esferas que descortina. Conduzido por seus prudentes guias, passa às regiões onde se formam os mundos, a fim de lhes estudar os mistérios. Desce, enfim, às regiões inferiores, a fim de aprender a dirigir os princípios orgânicos de tudo o que é, em qualquer dos reinos da Natureza. Daí vai a esferas mais elevadas, onde aprende a dirigir os fenômenos atmosféricos e geológicos que observais sem compreender. Assim é que, de estudo em estudo, de progresso em progresso, o Espírito adquire a ciência que, infinita, o aproximará do Mestre supremo (v. 1, it. 57).

Atingimos agora o limiar de uma série de grandes questões, a saber: o bom ou mau uso, pelo Espírito, do seu livre-arbítrio; a progressão evolutiva retilínea; a *queda* espiritual e suas consequências.

Para empreendermos com êxito o exame desses assuntos, impõe-se-nos ter presentes dois princípios fundamentais da eterna Lei, a saber: o princípio do determinismo divino e o princípio da livre determinação individual. O princípio do determinismo divino é absoluto e impõe como fatal, necessária e irreversível a evolução universal, na direção da suprema felicidade, que é o supremo bem, o supremo saber e o supremo poder, no infinito dos espaços e das eternidades. Como princípio, é unitário, imanente, indivisível e eterno. O princípio da livre determinação individual é desdobramento, consequência e complemento do primeiro, ao qual diretamente se vincula, e outorga a cada criatura o direito inalienável de atender à suprema vontade do Criador quando e como quiser. Compreende, portanto, tríplice liberdade de tempo, de modo e de vontade. É intuitivo e lógico que essa tríplice liberdade se amplia à medida que o Espírito evolui e ganha, com a evolução, mais amplo discernimento. Existe, porém, e se manifesta, desde que o princípio espiritual começa a existir, crescendo com ele. No Espírito iluminado pela consciência de si mesmo, esse tríplice poder se instaura definitivamente e passa a ser exercido com desenvoltura cada vez maior.

Dizem os autores de *Os quatro evangelhos:*

> De posse do livre-arbítrio, podendo escolher o caminho que prefiram seguir, os Espíritos são subordinados a outros, prepostos ao seu desenvolvimento. É então que a vontade os leva a enveredar por este caminho de preferência àquele. Galgado esse ponto, eles se mostram mais ou menos dóceis aos encarregados de os conduzir e desenvolver. A vontade, atuando então no exercício do livre-arbítrio, traça uma direção boa ou má ao Espírito que, deste modo, pode falir ou seguir simplesmente e gradualmente o caminho que lhe é indicado para progredir. Muitos se transviam: alguns resistem aos arrastamentos do orgulho e da inveja (v. 1, it. 56).

É exatamente isso o que também ensina *O livro dos espíritos*, como se vê pela pergunta 115 e respectiva resposta:

— Dos Espíritos, uns terão sido criados bons e outros maus?

R. – Deus criou todos os Espíritos simples e ignorantes, isto é, sem saber. A cada um deu determinada missão, com o fim de esclarecê-los e de os fazer chegar progressivamente à perfeição, pelo conhecimento da verdade, para aproximá-los de si. Nesta perfeição é que eles encontram a pura e eterna felicidade. Passando pelas provas que Deus lhes impõe é que os Espíritos adquirem aquele conhecimento. Uns, aceitam submissos essas provas e chegam mais depressa à meta que lhes foi assinada. Outros, só a suportam murmurando e, pela falta em que desse modo incorrem, permanecem afastados da perfeição e da prometida felicidade.

a) Segundo o que acabais de dizer, os Espíritos, em sua origem, seriam como as crianças, ignorantes e inexperientes, só adquirindo pouco a pouco os conhecimentos de que carecem com o percorrerem as diferentes fases da vida?

R. – Sim, a comparação é boa. A criança rebelde se conserva ignorante e imperfeita. Seu aproveitamento depende da sua maior ou menor docilidade. Mas a vida do homem tem termo, ao passo que a dos Espíritos se prolonga ao infinito.

Como não podemos alongar-nos demasiado neste pequeno trabalho de análise sintética, remetemos os interessados em maiores detalhes às obras aqui citadas. Iremos, portanto, ao âmago da magna questão da queda espiritual e de sua imediata consequência. Dizem os Espíritos, em *Os quatro evangelhos*:

De acordo com as suas tendências e com o grau do seu progresso, o Espírito assimila constantemente os fluidos que mais em relação estejam com a sua inteligência e com as suas necessidades espirituais. Quanto mais inferior ele é, tanto mais opacos e pesados são os fluidos perispiríticos. Da maior ou menor elevação do Espírito depende a maior ou menor quantidade de fluidos puros na composição do seu perispírito. Assim, os corpos fluídicos constituídos pelos perispíritos apresentam maior ou menor fluidez, são mais ou menos densos, conforme a elevação do Espírito encerrado nessa matéria. Dizemos *matéria* porque, efetivamente, para o Espírito, o perispírito é matéria. [...] Esses Espíritos presunçosos e revoltados, cuja queda os leva às condições mais materiais da Humanidade, são então humanizados, isto é, para serem domados e progredirem sob a opressão da carne, encarnam em mundos primitivos, ainda virgens do aparecimento do homem, mas preparados, prontos para essas encarnações. [...] Revestido do seu perispírito e sob a direção e vigilância dos Espíritos prepostos, o Espírito atrai aqueles elementos destinados a lhe formarem o invólucro material, do mesmo modo que o ímã atrai o ferro (v. 1, it. 56).

Têm aqui aplicação o princípio físico da gravidade e o princípio moral do mérito. Provocando, com os seus pensamentos e desejos, o maior adensamento da sua mente e do seu veículo perispiritual, o Espírito se aproxima naturalmente da matéria mais densa, com cujas vibrações se afina, acabando por ela irresistivelmente atraído. Trata-se, portanto, de fato absolutamente natural, enquadrado, como todos os fatos, na lei universal de causa e efeito, e não de uma punição divina. Quanto ao tipo de mundo onde o Espírito encarnará, em consequência de sua própria decisão, dependerá de seu grau de evolução, como se infere do trecho (da mesma obra) que passamos a transcrever:

> Entre os que se transviam, muitos há também cujo transviamento só se dá depois de terem sido por largo tempo, por séculos, dóceis aos Espíritos incumbidos de os guiar e desenvolver; depois de haverem trilhado, até certo ponto mais ou menos avançado de desenvolvimento moral e intelectual, a senda do progresso que lhes era indicada. Esses encarnam em planetas mais ou menos inferiores, mais ou menos elevados, conforme o grau de culpabilidade, a fim de sofrerem uma encarnação mais ou menos material, mais ou menos fluídica, apropriada e proporcionada à falta cometida e às necessidades do progresso, atenta a elevação espiritual.
>
> Assim como Deus criou, cria e criará, em contínua progressão, na imensidade, no infinito, e na eternidade, essências espirituais, Espíritos, também criou, cria e criará mundos adequados a todos os gêneros de encarnação, para os que se transviaram, transviam e transviarão. Assim, sempre houve, há e haverá, por um lado, terras primitivas, mundos materiais, mais ou menos inferiores, mais ou menos elevados, mais ou menos superiores, uns em relação aos outros, e, por outro lado, mundos cada vez menos materiais, cada vez mais fluídicos, até os planetas da mais pura fluidez, a que podeis chamar de mundos celestes, divinos, e aos quais só têm acesso os Espíritos puros (v. 1, it. 56).

Para assinalar a perfeita coerência dos ensinos dos Espíritos superiores, fazemos nova interrupção, para transcrever aqui pequenos trechos pertinentes, de *O livro dos espíritos*:[4]

> Q. 189. Desde o início de sua formação, goza o Espírito da plenitude de suas faculdades?
>
> R. – Não, pois que para o Espírito, como para o homem, também há infância. Em sua origem, a vida do Espírito é apenas instintiva. Ele mal tem consciência de si mesmo e de seus atos. A inteligência só pouco a pouco se desenvolve.

## Comentário de Kardec à q. 191-a:

> A vida do Espírito, em seu conjunto, apresenta as mesmas fases que observamos na vida corporal. Ele passa gradualmente do estado de embrião ao de infância, para chegar, percorrendo sucessivos períodos, ao de adulto, que é o da perfeição, com a diferença de que para o Espírito não há declínio, nem decrepitude, como na vida corporal; que a sua vida, que teve começo, não terá fim; que imenso tempo lhe é necessário, do nosso ponto de vista, para passar da infância espírita ao completo desenvolvimento; e que o seu progresso se realiza, não num único mundo, mas vivendo ele em mundos diversos.[...]
>
> Q. 56 – É a mesma a constituição física dos diferentes globos?

---

[4] Nota do autor: Este nosso trabalho tem pretensões muito modestas. Jamais nos animou qualquer ideia de produzirmos obra parecida com um tratado ou mesmo um livro de teses ou um repositório de pensamentos pessoais. Tudo o que desejamos é ajudar aqueles que, desejosos de maiores facilidades para estudar e entender as leis e os fatos da vida, poderão encontrar auxílio e alento em nossos humildes apontamentos.

## Universo e Vida

R. – Não; de modo algum se assemelham.

Q. 57 – Não sendo uma só para todos a constituição física dos mundos, seguir-se-á tenham organizações diferentes os seres que o habitam?

R. – Sem dúvida, do mesmo modo que no vosso os peixes são feitos para viver na água e os pássaros no ar.

Q. 85 – Qual dos dois, o mundo espírita ou o mundo corpóreo, é o principal, na ordem das coisas?

R. – O mundo espírita, que preexiste e sobrevive a tudo.

Q. 86 – O mundo corporal poderia deixar de existir, ou nunca ter existido, sem que isso alterasse a essência do mundo espírita?

R. – Decerto. São independentes; contudo, é incessante a correlação entre ambos, porquanto um sobre o outro incessantemente reagem.

Q. 132 – Qual o objetivo da encarnação dos Espíritos?

R. – Deus lhes impõe a encarnação com o fim de fazê--los chegar à perfeição. Para uns, é expiação; para outros, missão. Mas, para alcançarem essa perfeição, *têm que sofrer todas as vicissitudes da existência corporal*: nisso é que está a expiação. Visa ainda outro fim a encarnação: o de pôr o Espírito em condições de suportar a parte que lhe toca na obra da Criação. Para executá-la é que, em cada mundo, toma o Espírito um instrumento, de harmonia com a matéria essencial desse mundo, a fim de aí cumprir, daquele ponto de vista, as ordens de Deus. É assim que, concorrendo para a obra geral, ele próprio se adianta.

Como se vê, os Espíritos disseram a Kardec que é no sofrer as vicissitudes da existência corporal que está a expiação, e nisso é completa a coincidência com o que os Espíritos disseram a Roustaing. Poderão alguns alegar que haveria uma contraposição a tal ideia na pergunta seguinte, de nº 133, de *O livro dos espíritos*. Diremos que na pergunta, sim, mas não na resposta que a ela deram os Espíritos. Vejamos:

Q. 133 – Têm necessidade de encarnação os Espíritos que, desde o princípio, seguiram o caminho do bem?

R. – Todos são criados simples e ignorantes e se instruem nas lutas e tribulações da vida corporal. Deus, que é justo, não podia fazer felizes a uns, sem fadigas e trabalhos, conseguintemente sem mérito.

Os Espíritos evitaram, em sua resposta, um sim ou um não categóricos, e se limitaram a ressaltar a necessidade da Justiça Divina, porque uma resposta mais completa era inadequada na ocasião, por exigir longas considerações quanto à natureza do Mundo Espiritual. Agora, porém, existem condições suficientes de entendimento, da parte dos homens encarnados, para a compreensão de que o corpo perispiritual é também um corpo material, apenas menos denso que o carnal, e que nada existe no mundo chamado material que também não exista — e exista previamente — no plano menos denso. Assim, não há, tecnicamente, qualquer necessidade fundamental da encarnação carnal[5] para o progresso do Espírito, exceto quando tal encarnação em corpo material mais denso seja consequência de *queda* espiritual, provocadora de aumento de peso específico da organização mento-perispirítica.

Os Espíritos exilados de Capela, que foram transferidos para a Terra, aqui chegaram como verdadeiros *Anjos decaídos* e passaram, por expiação, a habitar *corpos carnais muito inferiores e de muito maior densidade* do que aqueles que usavam no seu orbe de origem. Justificando o "fato de se verificar a reencarnação de Espíritos tão avançados em conhecimentos, em corpos de raças primigênias", *Emmanuel* pondera, em seu livro *A caminho da luz*, que tal fato "não deve causar repugnância ao entendimento" e lembra que

> um metal puro, como o ouro, por exemplo, não se modifica pela circunstância de se apresentar em vaso imundo, ou disforme. Toda oportunidade de realização do bem é sagrada. Quanto ao mais, que fazer com o trabalhador desatento que estraçalha no mal todos os instrumentos perfeitos que lhe são confiados? Seu direito aos aparelhos mais

---

[5] Nota do autor: Usamos dizer *encarnação carnal* para bem situar a corporificação do Espírito em corpo de carne, pois há também o que poderíamos chamar de *encarnações fluídicas*, que consistem no revestimento, pelo perispírito, de fluidos de certa densidade, para atender a necessidades de vida em determinadas regiões intermediárias entre o que denominamos *Plano Espiritual* e a crosta terráquea, ou em outras organizações planetárias fora da Terra.

preciosos sofrerá solução de continuidade. A educação generosa e justa ordenará a localização de seus esforços em maquinaria imperfeita, até que saiba valorizar as preciosidades em mão. A todo tempo, a máquina deve estar de acordo com as disposições do operário, para que o dever cumprido seja caminho aberto a direitos novos.

Entre as raças negra e amarela, bem como entre os grandes agrupamentos primitivos da *Lemúria*, da *Atlântida* e de outras regiões que ficaram imprecisas no acervo de conhecimentos dos povos, os exilados da Capela trabalharam proficuamente, adquirindo a provisão de amor para suas consciências ressequidas. Como vemos, não houve retrocesso, mas providência justa de administração, segundo os méritos de cada qual, no terreno do trabalho e do sofrimento para a redenção (cap. 3).

# 5
# ENERGIA E EVOLUÇÃO

Façamos agora ligeira interrupção no curso normal de nosso estudo, para algumas considerações oportunas, relativas à energia, no campo da evolução.

## 5.1 ENERGIA MENTAL

A desagregação atômica por meio de explosão nuclear é apenas uma das formas de conversão da matéria em energia. A Natureza utiliza permanentemente muitos outros processos para essa transformação, sendo a radiação um dos mais estudados pelo homem terreno.

A ciência oficial de nossos dias já conhece algo sobre as propriedades da matéria e da energia, quando elas são conversíveis entre si, o que importa dizer: da mesma natureza essencial. Existem, porém, aspectos elementares da estrutura da energia que permanecem desconhecidos da ciência terrestre. Esta lhe identifica variadas formas de manifestação, mas ainda ignora por completo suas formas não conversíveis em matéria, embora já comece a desvendar os segredos da antimatéria.

Inclui-se dentre os mais comuns e constantes tipos de energia não adensável — a energia mental propriamente dita, da qual o pensamento é a mais elevada expressão. No entanto, ela é capaz de agir sobre as diversas formas de energia reconversível, de impressioná-las e transformá-las, por meio de radiações de potência ainda não humanamente detectável, mas de alto e efetivo poder, traduzível em fenômenos eletromagnéticos inapreciáveis.

Essa é basicamente a energia que organiza o tecido perispiritual e, de resto, todos os campos vibratórios que envolvem o Espírito humano e nos quais este se movimenta nas dimensões extrafísicas.

É também ela o fulcro de que se origina a energização das ideias, corporificando-as em formas-pensamentos, suscetíveis, como já sabem os pesquisadores do psiquismo, de serem temporárias, mas poderosamente vivificadas, dirigidas e até mesmo materializadas, por meio de processos de densificação bem mais comumente utilizados do que vulgarmente se presume.

É, contudo, bem mais importante assinalarmos o fato de que essa energia mental retrata sempre, como imagens vivas, as emoções e os sentimentos do Espírito humano, encarnado ou desencarnado, condensando e expressando automaticamente, e com rigorosa exatidão, toda e qualquer emoção ou sentimento de qualquer ente espiritual, sob as mais nítidas e diferenciadas características de forma, cor, som, densidade, peso específico, velocidade, frequência vibratória e capacidade de permanência.

Isso significa que as emoções e os sentimentos humanos impregnam e magnetizam o campo energético das vibrações do pensamento, por via de um processo de superenergização, no qual uma espécie de energia mais quintessenciada e poderosa ativa, colora e qualifica outra espécie de energia, sem com ela fundir-se ou confundir-se, e sem que haja entre elas a possibilidade de mútua conversão.

Jean-Jacques Rousseau percebeu isso intuitivamente, embora de modo evidentemente imperfeito, quando afirmou a precedência do sentimento sobre a razão. Foi, entretanto, o Divino Mestre quem revelou tal verdade de forma inconfundível, ao alicerçar todo o seu ensino e exemplificação no sentimento do Amor — resumo, como explicou, de "toda a Lei e de todos os Profetas".

Os estudos de Darwin sobre a evolução das espécies abriram caminho a grandes avanços do conhecimento humano no campo da hierarquia das complexidades, que acompanham os processos de aprimoramento dos organismos. Sabe-se hoje que essa crescente complexidade é consequência de funções novas, nascidas de novas necessidades e geradoras de novos poderes. E também assim na ordem da evolução anímica, onde o Espírito, ao desenvolver a sua própria mente, amplia e diversifica sua estrutura, seu espaço e seu tempo individuais, crescendo para Deus, no seio do Universo Infinito.

Quanto mais o ser espiritual se sublima, mais recursos desenvolve, em formas cada vez mais altas e nobres de energia sutil, tanto mais poderosas e excelsas, quanto menos densas e mais diferenciadas das formas materializáveis de energia.

Eis por que o Espiritismo Evangélico sobrepõe o esforço de santificação, isto é, de sublimação moral dos sentimentos humanos, a todo e qualquer processo de evolução meramente intelectiva. É que o aprimoramento da inteligência, sob todas as formas, sendo embora imperativo inderrogável da eterna Lei, é mais fácil de ser realizado, e de modo menos suscetível a erros e quedas, quando produzido sob o ascendente do sentimento enobrecido, que é a força diretriz de todas as energias e potencialidades do Espírito.

## 5.2 RADIAÇÕES LUMINOSAS

Mesmo que potentes radiações luminosas, que são ondas eletromagnéticas, incidam sobre um corpo, delas este somente reterá a quantidade que lhe permitir o seu próprio poder de absorção, embora também seja verdade que parte do poder absorvente de qualquer material depende igualmente do comprimento de onda da radiação incidente.

No campo psicoperispirítico, prevalece realidade similar, pois o poder de atuação energética de um Espírito sobre outro subordina-se à dupla condição, isto é, ao comprimento de onda da radiação luminosa do atuante e à capacidade de absorção do atuado, sendo fundamental não perdermos de vista que em todos os fenômenos desse tipo o regime inelutável é o das trocas, cujo escopo natural é sempre o do equilíbrio.

Explicaremos noutro capítulo por que razão nos referimos à atuação energética de natureza luminosa, de um Espírito sobre outro, mas adiantamos que a luz é a mais nobre das formas de energia. Precisaremos, porém, considerar mais detidamente esse assunto, pois também a luz apresenta variações importantes de tipo e natureza, na hierarquia dos valores do Universo.

Retomando, porém, o que dissemos no parágrafo anterior, assinalamos que é aquele o princípio que preside à capacidade de ajudar ou de ferir, e a de ser alguém ajudado ou ferido. Na Natureza, a justiça se realiza de forma automática e perfeita, nos exatos termos do nível evolutivo de cada ser e dos seres que com ele se relacionam.

O poder de Deus é onímodo, onipresente e eternamente atuante no Universo, porque está nele imanente, não podendo ser traído ou alterado por nenhuma força e por nenhum ser da Criação.

Define-se também, em face dessa realidade, o princípio do mérito, porquanto o poder de dar e receber, de agir e de sofrer ação, de auxiliar e de ser auxiliado é sempre rigorosa, natural e automaticamente limitado pela real condição evolutiva de cada ser.

Vale considerar, neste capítulo, que as radiações eletromagnéticas chamadas de energia radiante não compreendem tão só a energia da luz visível, senão também as radiações gama, ultravioleta e infravermelha, as ondas de rádio, os raios X e a energia calorífica irradiada.

Assim não fosse, qualquer pessoa poderia ver, a olho nu, no mundo dos encarnados, o próprio halo ou campo eletromagnético, e o das demais pessoas, identificando de pronto a condição espiritual de cada um, pela simples coloração de sua luz, embora a atmosfera vital de cada ser esteja também impregnada de outras importantes qualidades dinâmicas.

Cumpre, aliás, ter-se em conta que o mundo particular de cada indivíduo é, de certo modo, o que a Física atual denomina, a nosso ver impropriamente, de *sistema isolado*, que é, por definição, aquele que não troca energia com outro sistema. Ressalvando que somente noutro capítulo examinaremos esse tema, de magna importância, por estar ligado intimamente ao princípio da conservação da energia, deixamos claro que a ideia do sistema isolado não tem, nesta nossa comparação, nenhum sentido de isolamento real ou de refrangibilidade. Visa apenas a dar ideia dum pequeno Universo individuado, pois cada ser é realmente como um pequeno mundo a mover-se no grande sistema de seres a que pertence. Dissemos que o mundo particular de cada indivíduo é, de certo modo, um sistema isolado, porque, em se tratando do Espírito encarnado e do desencarnado ainda presos às faixas da evolução terrestre, a lei da equivalência de matéria e energia, expressa na fórmula einsteiniana $E=mc^2$, onde $E$ é a quantidade de energia equivalente à massa $m$, sendo $c$ a velocidade da luz, se aplica plenamente.

Como temos, aqui, de ser concisos, deixaremos para mais tarde outras considerações. No entanto, como falamos, linhas acima, em energia calorífica irradiada, ou seja, calor transmitido por meio de irradiação, lembramos que a propagação do calor de um corpo para outro pode processar-se sem que haja necessidade de meio material, bastando se observe, nesse particular, que o calor do Sol, emitido a milhões de quilômetros de distância, chega à Terra depois de atravessar vastas regiões não ocupadas por matéria. Com maior razão, a luz espiritual, a manifestar-se na irradiação das mentes angélicas, prescinde de qualquer veículo material para espraiar-se e atuar em todas as dimensões do Universo.

## 5.3 TRANSFORMADORES DE ENERGIA

Exposto às radiações luminosas do Sol, o silício puro absorve fótons que removem os seus elétrons atômicos, os quais, liberados, produzem uma corrente elétrica. Esse processo de funcionamento das baterias solares faz lembrar, de algum modo, aspectos infinitamente superiores, mas até certo ponto tecnicamente assemelhados, da evolução. Submetidos aos raios da experiência, os Espíritos *compostos*, isto é, *não puros*, que se movem nas faixas da evolução terrestre, absorvem progressivamente *quanta* de luz, que vão removendo elementos da carga psíquica do ser, os quais liberados geram, por meio das correntes elétricas que produzem, campos magnéticos específicos.

Estruturando desse modo a própria aura, os Espíritos criam a *atmosfera psíquica* que os envolve e penetra; *atmosfera* carregada de eletricidade e magnetismo, de raios, ondas e vibrações. Trata-se de efetivo e poderoso *campo de forças*, gerado por circuitos eletromagnéticos fechados, nos quais se fazem sentir os parâmetros de resistência, indutância e capacitância, asseguradores de compensação, equilíbrio e acúmulo de energias de sustentação.

É assim que o campo de forças da própria aura delimita o mundo individual de cada Espírito; mas não somente o delimita, como também o caracteriza, porque possui peso específico determinado, densidade própria e condições peculiares de coloração, sonoridade, velocidade eletrônica e ritmo vibratório.

A mente espiritual é o seu fulcro, sua geratriz e seu núcleo de comando, por meio de todas as transformações que experimenta, inclusive as que decorrem das reciclagens biológicas provocadas pelos fenômenos da morte física, da reencarnação, da ovoidização, da regressão temporal e outros.

É, ainda, por meio de sua aura que o Espírito assimila, armazena e exterioriza os princípios cósmicos de que fundamentalmente se alimenta, funcionando nisso como transformador por excelência de energia, para si e para os seus semelhantes, pois cada Espírito respira e vive em faixas vibratórias comuns a todas as mentes a que se liga, no plano evolutivo que lhe é próprio.

Em verdade, cada Espírito é qual complexa usina integrante de vasta rede de outras inúmeras usinas, cujo conjunto se autossustenta, como um sistema autônomo, a equilibrar-se no infinito mar da evolução.

Via das trocas incessantes que dinamicamente se processam nesses circuitos de energia viva, manifestam-se os fenômenos da afinidade e os da mediunidade espontânea, a produzirem estímulos de influenciação, fecundação ideológica e atração psíquica, responsáveis pela sequência evolucionária dos sistemas anímicos, no seio da vida universal.

Ninguém, portanto, se prejudica a si mesmo sem lesar a todos quantos se lhe associam na grande economia da vida; e, do mesmo modo, todo aquele que se melhora, enriquece e ascende, beneficia direta e eficazmente a todos os seus companheiros de jornada espiritual.

O fenômeno do eco não se restringe à reflexão de um som; é também, na esfera dos pensamentos e dos sentimentos, repercussão de ideias e emoções, na geração infinita de recursos novos e de forças vivas, de efeitos certos, seja nas semeaduras de dor, seja nas plantações sublimes de alegria.

## 5.4 TEMPO E VELOCIDADE

Só as poderosíssimas energias de Natureza Divina que estruturam a mente espiritual são capazes de renovar-se sem desagregar-se, assegurando vida eterna individuada ao Espírito e garantindo-lhe permanência e evolução infinitas. Tudo mais, no universo das formas e das substâncias, se transforma contínua e estruturalmente, sob a tensão das forças pulsantes que impõem inestancável renovação, por meio de processos dinâmicos de desagregação e de sempre novas agregações elementares que respondem pela conservação, em regime de equilíbrio de trocas, de todos os tipos e estados da energia.

Entendido isso, pode-se compreender que, se a morte não existe no Universo, em termos de niilismo, existe nos de transmutação incessante, significando sempre o fim de cada processo temporal, fim que é também, em si mesmo, novo começo, na química das transformações. Havendo, pois, para tudo quanto é temporal, começo e fim, há igualmente, para tudo quanto é temporal, nascimento e morte.

Daí podermos dizer que o tempo é, por definição, a trajetória de uma onda eletromagnética, do seu nascimento até à sua morte. Por isso ele é uma das dimensões fixas do nosso Universo, porque estável é, em nosso plano, a velocidade das ondas eletromagnéticas.

O tempo, porém, somente pode existir em sistemas isolados, ou fechados, e tem a natureza de cada sistema. Como tudo, no macro e no microcosmo, e em todos os Universos, são sistemas, somente em termos de Divindade podemos imaginar a intemporalidade absoluta, que é o conceito extremado e perfeito de eternidade. Fora disso, no mundo das mensurações, qualquer que seja o nível, o tempo existirá, com suas cargas eletromagnéticas identificáveis, dimensionáveis, limitadas e, portanto, sujeitas a sofrer a ação das ondas mentais superiores.

A rigor, cada mente, à medida que se expande ou se contrai, em sua marcha evolutiva, estrutura e dimensiona o seu espaço e o seu tempo, na exata correspondência dos ritmos vitais que lhe são próprios. É claro que, assim como só pouco a pouco o Espírito vai-se libertando dos automatismos, à medida que desenvolve valores consequenciais e capacidade de autogoverno, também se acomodará inconscientemente ou semi-inconscientemente às suas faixas de tempo e espaço, até atingir estágios superiores de conhecimento e poder.

Cada ser vive e atua em faixas próprias de frequência vibratória, na comunhão com os seus afins, forjando a própria economia energética na incessante permuta de forças alimentares, transformadoras e conservadoras, dos mais diferentes tipos e condições. Articulando tecidos de força que o envolvem, o Espírito constrói, por meio de sinergias funcionais, o cosmo individual em que se move e por cujo equilíbrio responde. E como a energia é tão suscetível de sublimar-se como de degenerar, pode a mente provocar, mesmo inconscientemente, não apenas explosões nucleares incontroladas em sua própria aura, mas igualmente implosões atômicas destruidoras em seu corpo espiritual, criando pus energético, com que intoxica o seu mundo individual e contamina as *noures* a que se ajusta. É com essa lama psicofísica, dotada de forças físico-químicas e eletromagnéticas degeneradas, que inteligências pervertidas constroem a argamassa de regiões e até de impérios infernais, onde a matéria mental apodrecida e a energia de baixo teor vibratório obedecem a princípios de equilíbrio corrompidos por diferenciações inomináveis, sob o comando de mentes enlouquecidas no mal.

É bem verdade que, agindo em nome do Amor divino, o pensamento crístico intervém diretamente, de ciclo em ciclo, provocando desastres eletromagnéticos desintegradores dessas construções e gerando condições constritivas que forçam a eclosão de circunstâncias regeneradoras em multidões de Espíritos prisioneiros dessas esferas fluídicas infelizes; mas, sem embargo disso, o tempo agiria por si mesmo, no esgotamento, embora a longuíssimos prazos, desses fulcros insólitos de degenerescência.

Opostamente a tudo isso, a ação contínua de ondas mentais de alta frequência provoca desintegrações em cadeia, suscetíveis de aniquilar o corpo espiritual dos seres que alcançam as mais altas faixas da evolução terrestre, determinando maior velocidade ao seu pensamento, que passa a vibrar em ritmos ainda insuspeitados pela ciência terrestre, que julga serem os 300 mil quilômetros por segundo a velocidade constante de qualquer espécie de luz. Se isso é verdadeiro no que tange a todos os tipos de ondas eletromagnéticas conhecidas pelo homem, também é certo que, no reino das vibrações supracósmicas, atuam ondas mentais de insuspeitada curteza, emanadas de mentes angélicas e crísticas, cuja frequência vibratória escapa inteiramente à nossa capacidade atual de investigação.

## 5.5 CIÊNCIA E VIDA

Não temos a menor pretensão de parecer que sabemos mais, ou melhor, seja o que for, mas é preciso reconhecer que, defrontando realidades de outro nível, não podemos limitar-nos a premissas e conceituações ainda condicionadoras da ciência oficial que, por exemplo, só pode considerar até agora, como fontes luminosas, os objetos visíveis. Vivendo em plano vibratório diferenciado, é natural tenhamos outra visão da realidade global, naturalmente muito limitada, porém significativamente mais ampla.

É, todavia, com grande interesse que acompanhamos o desenvolvimento da ciência terrestre, e, ainda agora, saudamos o advento da eletronografia, dos cientistas Dumitrescu e Camarzan, louvando-lhes o esforço para analisar os diversos campos elétricos e magnéticos do corpo humano. São realmente valiosos os progressos que têm sido obtidos pelos pesquisadores terrestres, sendo de nosso dever assinalar, com alegria, o êxito dos cientistas

Valentina e Semyon Kírlian, da Universidade Alma-Ata, que conseguiram fotografar as radiações luminosas a que os parapsicólogos atuais denominam bioplasma. Novos dados, de outros setores da Física, continuarão a abrir campos de interesse à aplicação humana e certamente não se limitarão à descoberta de *superátomos* pesados, como os que receberam, recentemente, os números atômicos 116, 124 e 126, descobertos pelos físicos Gentry e Cahill, da equipe do professor Dirac, no Instituto de Pesquisas de Tallahassee, na Flórida.

Nosso desiderato é chamar a atenção para outros ângulos e consequências daquilo que o saber humano vai conquistando, na Terra, de sorte a auxiliar os companheiros em romagem na crosta planetária, no seu esforço para entender sempre melhor as realidades do Espírito imortal.

Assim, se é certo que a Mecânica Quântica já assentou ideias nítidas sobre a dupla natureza ondulatória-corpuscular da luz, cujas ondas há muito se verificou serem transversais e não longitudinais; se também já está claro que é na variação alternada das intensidades dos vetores campo elétrico e campo magnético que consistem as vibrações luminosas, e que circuitos elétricos oscilantes emitem ondas eletromagnéticas invisíveis; se já se sabe, além disso, que a emissão e a absorção de energia se fazem pulsativamente, por múltiplos inteiros da quantidade fundamental a que Planck denominou de quantum e que Einstein rebatizou de fóton, quando se trata de luz; apesar de tudo isso, ainda é estranho ao conhecimento da Física oficial que, além das faixas de frequências das ondas conhecidas por radiações ultravioleta, radiações X, radiações gama e radiações cósmicas, pulsam no universo as radiações mentais, as angélicas, as crísticas e, sobretudo, as radiações divinas. No entanto, são estas últimas as criadoras, alimentadoras, impulsionadoras e equilibradoras de tudo quanto existe.

Para o homem terrestre comum, luz são as ondas eletromagnéticas visíveis, cujo comprimento varia entre 8.000 A e 4.000 A, dependendo do observador. Para os técnicos, são todas as radiações eletromagnéticas conhecidas, visíveis ou não ao olho humano, desde as infravermelhas até as cósmicas. Para nós, estudantes desencarnados de modesta hierarquia, são todas as oscilações eletromagnéticas que vão das aquém-infravermelhas até as além-cósmicas.

Quando a Física constata que só nos meios homogêneos, e nunca nos anisótropos, a luz se propaga em linha reta em todos os sentidos; quando ressalta que, se o índice de refração do meio variar continuamente, o raio luminoso pode encurvar-se; nós acrescentamos que, mesmo quando o Espírito guarda, nos tecidos da alma, barreiras de interceptação infensas à luz do bem, a divina claridade não deixa de abençoar-lhe o mundo íntimo, porque a Sabedoria celeste dispôs que a interceptação de alguns raios de um feixe luminoso não impede que os demais prossigam livremente o seu trajeto. Isto posto, entendemos que somente quando o Espírito terrestre atinge o grande equilíbrio evolutivo, sua aura consegue constituir-se em meio isótropo, onde a luz espiritual pode propagar-se, com a mesma velocidade, em todas as direções.

Não ficamos, porém, nessas assertivas, pois importa considerar que, sem que sua livre adesão o coloque em condições de beneficiar-se com a luz espiritual com que a Divina Bondade permanentemente o atinge, nenhum Espírito se furta às próprias trevas. Ao encontrar a superfície de separação de dois meios, o raio luminoso pode refratar-se, mas pode também ocorrer a reflexão total e, neste último caso, nem sequer passa de um meio para outro.

Chegamos, desse modo, a uma conclusão de sentido moral, que é o que acima de tudo nos importa, pois o conhecimento puro e simples, descomprometido com os augustos propósitos do Senhor, para nada de bom aproveita. Essencialmente, a Lei de Deus, que dirige a vida em todos os planos do Universo, é uma só e puramente Amor.

## 5.6 IDEIAS E EMOÇÕES

O homem terrestre um dia aprenderá que uma onda eletromagnética não se constitui apenas de eletricidade e magnetismo, mas igualmente de forças que, à falta de melhor terminologia, chamaremos de transcendentais. São essas forças que lhe qualificam a natureza e, independentemente da frequência vibratória, definem-lhe o teor. Aprenderá, ainda mais, que as ondas eletromagnéticas são, na verdade, veículos dessas forças transcendentais; e, mais ainda, que não existem ondas eletromagnéticas que não estejam carregadas dessas forças.

Para efeito didático, podemos considerar essas forças transcendentais como sendo de duas ordens distintas: as ideais, ou neutras, e as emocionais, que podem ser, tanto umas como outras, positivas ou negativas, isto é, integradoras ou desintegradoras. As ideais estão sempre presentes em qualquer onda eletromagnética, qualquer que seja a sua natureza. Naturalmente não mencionamos as forças divinas, ou plasma divino, que é a própria fonte da vida e o fluido sustentador dos Universos, porque nossos humílimos conhecimentos nada podem conceber, por enquanto, sobre o que alguns imaginam ser o pensamento de Deus.

Quanto às forças ideais, expressam-se no pensamento, que é onda eletromagnética emitida pela mente, de modo direto nos seres incorpóreos; ou por meio do cérebro, quando se trata de seres humanos, encarnados ou desencarnados. Cremos desnecessário esclarecer que as forças ideais, quando carregadas de emoção, tornam-se ideo-emotivas, traduzindo cargas de emoção dotadas de ativo poder.

Quando, por conseguinte, se fala da força do amor, ou da força do ódio, não se está falando de ficções, e sim de ativíssimas realidades. Sentimento é força que se irradia; força viva, cujo poder, maior ou menor, depende do comprimento da onda mental que a conduz.

Enganam-se, portanto, os que supõem que o poder da ação se reduz aos atos físicos visíveis. Pensar é agir, falar é movimentar forças vivas, de consequências por vezes inimagináveis. Compor um artigo, uma carta, um poema ou uma música, produzir um som ou simplesmente divagar ideias, tudo isso é atuar, agir, fazer, emitir e captar forças, agregar e desagregar formas mentais, participar da economia da vida, seja para o bem, ou seja para o mal.

Nem tudo o que fazemos num plano repercute visivelmente, de imediato, noutro plano, mas ninguém se engane quanto à natureza das forças vivas que alguém move quando anseia, deseja ou quer seja o que for, porque a Vida, por meio dos mecanismos automáticos de sua justiça, jamais deixará de entregar-nos o resultado de nossas ações, ainda que sejam ações apenas mentais, pois a mente é que comanda a vida.

Cumpre, além disso, nos lembremos de que a responsabilidade é sempre rigorosamente proporcional à capacidade de cada um. A mente frágil que pensa o mal produz estragos de pequenas proporções, porque seu poder de ação é reduzido; a mente evoluída e poderosa que pensa o mal produz uma soma muito maior de destruição. Pessoas existem cujos pensamentos repercutem, de imediato ou a longo prazo, sobre um número imenso de outras mentes, numa semeadura de sugestões de imprevisíveis resultados, no tempo e no espaço. Ninguém há, no entanto, que se possa considerar fora do grande comércio das trocas vitais, porque ninguém pensa, fala, escreve ou age em vão.

Pensamento é sempre luz. Uma mente poderosamente intelectualizada, que pensa em ondas de alta frequência vibratória, produz radiações que podem, por exemplo, ser verdes ou azuis; mas o verde pode ser encantador ou tétrico, e o azul pode ser tenebroso ou sublime.

Quando os Gênios da Espiritualidade superior insistem em que a maior necessidade humana, a mais urgente e a mais decisiva, é a da aquisição de amor e das virtudes morais, não o fazem por pieguismo desarrazoado e inconsequente. Desenvolvimento mental sem correspondência equilibradora na bondade é quase sempre caminho aberto a terríveis precipícios, onde infelizmente não poucos se projetam, por tempo indeterminado, impelidos pelas forças monstruosas do orgulho cego e da impiedade arrasadora, no remoinho de alucinantes paixões.

Por isso, o Mestre inesquecível nos deixou a poderosa advertência daquelas palavras graves: "Se a luz que há em ti são trevas, quão grandes serão tais trevas!" E também por isso Ele nos disse, no seu emulador e sublimado carinho: "Brilhe a vossa luz!".

## 5.7 INFECÇÃO E PURGAÇÃO

Acionados os mecanismos do gravador comum, a fita magnética vai sendo sensibilizada pelas vibrações sonoras que nela se registram. Quando termina a gravação, se se quer ouvir o que foi gravado, deve-se reenrolar a fita em sentido contrário.

*Mutatis mutandis*, ocorre também assim com os registros da memória. Nela se vão gravando automaticamente todos os acontecimentos da vida, até que o choque biológico da desencarnação desata os mecanismos de revisão e arquivamento de todas as experiências gravadas ao longo da etapa existencial encerrada.

Acontece que nem sempre todas as experiências então revistas podem ser simplesmente arquivadas na memória profunda da mente, por não haverem sido por esta absorvidas. São os *casos pendentes*, ainda não encerrados, que traduzem, na maioria das vezes, realidades que a consciência não consegue aceitar.

Essa rejeição consciencial gera conflito mental interno, ou *indigestão psíquica*, provocando no Espírito o reconhecimento do erro e o consequente remorso, ou, o que é pior, a orgulhosa ou cega ratificação do erro, causadora de revolta e empedernimento.

De qualquer modo, a rejeição consciencial tem como inelutável consequência a não assimilação das concentrações energéticas correspondentes às formas-pensamentos que duplicam os fatos, mantendo-os *vivos* e atuantes na aura do Espírito, à maneira de tumores autônomos, simples ou em rede, a afetarem o corpo espiritual e o lesarem.

No caso do remorso, o tumor se transforma em *abscesso energético*, a exigir imediata drenagem; no caso do empedernimento, o tumor cria carnicão e se estratifica, realimentado pela continuidade dos pensamentos-força da mente, arrastando o Espírito a longas incursões nos despenhadeiros da revolta, onde não raro se transforma transitoriamente em *demônio*, a serviço mais ou menos prolongado das Trevas.

As operações de drenagem psíquica são dolorosas e variam de tempo e intensidade, caso por caso, mas resultam sempre na recuperação relativa do Espírito para futuras retificações de conduta, sem prejuízo da continuidade, a breve trecho, de sua marcha evolutiva ascensional.

Quando a revolta se cristaliza no monoideísmo, onde as ideias fixas funcionam como escoadouros de energia, em excessivo dispêndio de forças vitais, pode o Espírito chegar facilmente à perda do psicossoma, ovoidizando-se, caso em que se reveste tão só da túnica energética mental, à maneira de semente em regime de hibernação.

Chegue ou não a esse extremo, o Espírito responderá, naturalmente, perante si mesmo, pelos fulcros de lesões mento-psicofísicas que gera, para seu próprio prejuízo, imediato e futuro.

No que tange à drenagem a que nos referimos, importa consideremos que o pus energético a ser expelido decorre das transformações psicofísico-químicas das energias degeneradas que foram segregadas pela mente e incorporadas à economia vital do ser, representando forças ideoemotivas de teor e peso específicos.

Necessário entendamos que as formas-pensamentos nem sempre são concentrações energéticas facilmente desagregáveis. Conforme a natureza ideoemotiva de sua estrutura e a intensidade e constância dos pensamentos de que se nutrem, podem tornar-se verdadeiros carcinomas, monstruosos *seres* automatizados e atuantes, certamente transitórios, mas capazes, em certos casos, de subsistir até por milênios inteiros de tempo terrestre, antes de desfazer-se.

A expiação, de que fala a Doutrina Espírita, não é senão a purgação purificadora do mal que infeccionou o Espírito. Este, por meio dela, restaura a própria saúde e se liberta das impurezas que o afligem e lhe retardam a felicidade.

Notemos, porém, que os mecanismos expiatórios não obedecem a uma fórmula única. Se a dor dissolve o mal, o amor consegue transformá-lo.

Lembremo-nos de que tudo o que existe é suscetível de servir ao bem, sob o comando soberano da mente espiritual. O mal, seja qual for a sua natureza, é sempre apenas uma degenerescência do bem,[6] porque a essência de toda a

---

[6] Nota do autor espiritual: *Irmão Thiesen, Paz conosco.*
Realmente, o bem absoluto jamais degenera. Entretanto, o bem absoluto é exclusividade divina. A lição de Jesus é clara: "Só Deus é bom." Na relatividade dos valores universais tudo está sempre evoluindo, o que importa dizer: tudo está em permanente transformação, longe

Criação repousa na suprema Perfeição do amoroso Criador dos Universos.

## 5.8 MENTE E SEXO

A mente e o sexo são as mais divinas características do ser humano. Fontes por excelência de ação criadora, atuam, basicamente, uma nas portentosas dimensões do Espírito, e o outro nos imensuráveis domínios da forma.

A mente elabora o pensamento, norteia a razão, gera a técnica, comanda a vida. O sexo garante e renova a vivência das formas, em que as essências se revelam e se acrisolam, por meio de longuíssima fieira de planos evolutivos.

A mente evolve para a sabedoria, por meio de incessantes apurações do instinto. O sexo evoluciona para o amor, depurando a libido, no crisol das experiências sublimadoras.

---

daquela definitividade ideal do absoluto. Gerar é formar; degenerar é deformar. O mal, a rigor, é sempre isso, isto é, uma enfermação, uma degenerescência, um aviltamento do bem, sempre de natureza transitória. Ele surge da livre ação filiada à ignorância ou à violação, e corresponde a uma amarga experiência no aprendizado ou no aprimoramento do Espírito imortal. É necessário termos em conta que Deus só cria o bem. E como é Deus o Pai de toda a Criação, tudo é sempre essencialmente bom. O bem é a substância intrínseca de tudo quanto existe. O mal é a sua deformação transitória, que sempre é reparada por quem lhe dá causa, rigorosamente de acordo com a Lei de Justiça, imanente na Criação Divina. Apesar disso, sempre que uma ideia exige mais tempo para ser compreendida ou aceita pelos companheiros de nossa equipe, entendo de meu dever evitar insistir em sua enunciação, para não suscitar dificuldades evitáveis ou constrangimentos sem proveito. Ademais, nenhum de nós é infalível e, no meu caso particular, reconheço-me de muito poucas luzes e sujeito a frequentes enganos. Peço-lhe, desse modo, retirar do texto nº 7, da série que assino, as expressões que foram objeto de reparo. Agradecendo pela cooperação e pela tolerância com que tenho sido honrado, peço ao Senhor Jesus que nos abençoe, agora e sempre – ÁUREO.
(Estranhando expressões usadas pelo Espírito Autor — degenerescência do bem —, fizemos-lhe observação que nos valeu a resposta acima, em 6/8/1976. A sugestão de retirar do último parágrafo aquelas expressões, preferimos, à guisa de novo ensinamento, reproduzir aqui as palavras esclarecedoras de Áureo, que o próprio leitor avaliará. — A Direção de *Reformador*).

A mente engendra magnificentes edificações da inteligência, na construção do saber. O sexo improvisa potentes eclosões de simpatia, na estruturação dos pródromos da fraternidade.

A mente desenvolve extraordinários valores do pensamento, no fulgor da Ciência, da Filosofia e das artes. O sexo canaliza a força dos impulsos, erigindo na maternidade e na paternidade sublimes altares ao sentimento enobrecido.

No seio augusto do tempo, a mente se angeliza e a forma se transluz. A mente, que se manifesta na matéria, se expressará, um dia, em plena luz. O sexo, que vibra na carne, radiará, um dia, o puro amor.

No regaço insondável dos milênios, a crisálida de consciência acende, humilde, o primeiro raio da coroa de glórias arcangélicas. Os genes cromossomáticos, que partem dos núcleos celulares e do citoplasma, iniciam, com modesta nota, a sinfonia cósmica da comunhão dos querubins.

Atritada pelos problemas e acicatada pelo trabalho, a mente freme na eclosão do conhecimento, para o esplendor da sapiência. Acrisolado pela dor, nos torniquetes da experiência, o sexo emerge, transformado, para as excelsas criações da beleza.

Torna-se a mente em poder; torna-se o sexo em amor. O poder constrói os mundos; o amor os apura e diviniza.

A mente se fortalece e expande; o sexo se desdobra e autocompleta. Entretanto, só a mente é eterna; o sexo, que a reflete, acaba por ela absorvido.

Dia chega em que só a mente existe, na plenitude da vida, gloriosa de sabedoria e de amor, na comunhão divina.

Então, o verme humilde, que se transformara, com o tempo, em homem problema, será, no império do Universo, um príncipe de luz.

## 5.9 PROFECIA E LIVRE-ARBÍTRIO

Se o espaço-tempo não fosse curvo, profetizar seria, a rigor, inviável; entretanto, raios mentais de grande potência podem tocar em registros magnéticos do passado, ainda persistentes, ou em projeções ideais do futuro, resultantes de mentalizações concentradas, provocando processos de reflexão tecnicamente semelhante à que é detectada pelo radar.

Abrimos aqui um parêntese para lembrar que o homem terrestre já consegue produzir micro-ondas de grande estabilidade, potências enormes, de mais de 10 megawatts, e frequências que vão desde 1.000 até 75.000 Mhz (30 cm a 4 mm). Um sistema de radar modulado por impulsos irradia energia em impulsos curtos, intensos, de duração aproximada de um microssegundo. O magnetron, operando com um campo magnético de valor crítico, produz oscilações de frequência muito elevada, da ordem de 3.000 Mhz, em razão das correntes induzidas pelos elétrons em rápido movimento circular. Aceleradores lineares, baseados no uso de uma série de transmissores de micro-ondas, podem produzir partículas de energias até 20.000 MeV.

Voltando, porém, ao assunto inicial, é força reconhecermos que longa é, para nós, a persistência dos registros magnéticos na aura planetária, porque lento é, para o nosso biorritmo, o processo de decaimento radioativo da matéria, bastando ter-se em conta que um grama de Rádio (ou Radium) 226 RA leva 1601 anos para que decaia a metade dos seus átomos radioativos.

As mentalizações ideais que constroem o futuro são, porém, incessantemente emitidas e sempre diferenciadas, podendo dar-se, em razão disso, que algumas concentrações delas, eventualmente percebidas por mentes encarnadas ou desencarnadas, não correspondam aos fatos, quando estes realmente ocorrem, explicando-se, desse modo, os erros de profecia.

Nas operações com um radar, temos de considerar o chamado tempo de repetição dos impulsos, que é o necessário ao retorno do eco. Quando se opera, por exemplo, com um gerador de 800 ciclos/seg, o tempo de repetição é de 1.250 microssegundos. Esse tempo de repetição de impulsos é importante em nosso estudo porque é a sua incidência repetida que determina as modificações de causalidade responsáveis pela diferenciação entre certas mentalizações detectadas por Profetas e os fatos consumados.

Isto é de fundamental importância para que entendamos as relações entre os mecanismos do livre-arbítrio e os da Lei de Causa e Efeito, porquanto o Espírito humano, isolada e coletivamente, embora subordinado ao império das circunstâncias que lhe condicionam o poder de ação, é sempre essencialmente livre para estabelecer e retificar a trajetória do seu destino.

Quanto a dizermos que um raio mental pode tocar em registros magnéticos na aura planetária, não se veja nisso nenhuma estranheza, pois bem mais difícil seria conceber-se a existência e o desempenho dos neutrinos.

No entanto, essa partícula elementar, prevista teoricamente por Wolfgang Pauli, em 1930, foi detectada por F. Reines, em 1956, sem que, até agora, se lhe tenha identificado qualquer massa, carga elétrica ou campo magnético. Eles atravessam, sem dificuldade, qualquer corpo sólido da Terra, sem aparentemente serem atraídos, repelidos ou capturados pela força da gravidade, por cargas elétricas ou por campos magnéticos terrestres.[7]

É claro que jamais se compreenderá o que procuramos dizer nesta página, se não se considerar que o tempo-espaço se move em círculos concêntricos, tal como as ondas eletromagnéticas comuns.

## 5.10 PROCESSOS DE ALIMENTAÇÃO

Decorre do princípio físico da conservação da energia que nenhuma atividade vital pode manter-se sem contínua alimentação energética. Alimento é, por definição, qualquer substância capaz de ser oxidada dentro de uma célula, para nela produzir energia. O metabolismo, que é fisiologicamente o conjunto dos fenômenos químicos e físico-químicos de assimilação e desassimilação de substâncias, traduz processo inerente à própria natureza dos seres vivos.

Nos vegetais, a oxirredução da fotossíntese se realiza por etapas, sempre com absorção de energia. Uma planta, para sintetizar cerca de 180 gramas de glicose, utiliza aproximadamente 686 grandes calorias de energia, sendo

---

[7] N.E.: Atualmente se sabe que os neutrinos têm massa extremamente débil e que interagem com a matéria através da força gravitacional e da força nuclear fraca.

possível, em condições favoráveis, a fabricação horária de meio grama de glicose por metro de superfície foliar iluminada. Não vem ao caso o fato de que a glicose produzida por fotossíntese logo se polimerize, tornando-se amido na própria folha; o que aqui importa é assinalar que não bastam as matérias-primas (água e gás carbônico) e os catalisadores (clorofila e enzimas) para que a fotossíntese aconteça, pois ela não ocorrerá sem a incidência indispensável de energia luminosa.

A fotossíntese é, como todo processo de natureza alimentar, um sistema de produção de energia por meio de aplicação de energia. No caso, isso se dá pela fabricação de substâncias orgânicas elaboradas a partir de minerais, através de reações endergônicas, sendo a luz a fonte energética utilizada. Embora ocorram, na fotossíntese, fenômenos derivados que não dependem de raios luminosos, é a energia luminosa, transformada durante a reação de decomposição da água em presença da clorofila, que alimenta as reações endergônicas nas células.

Como os vegetais destituídos de clorofila, e os animais, dependem, para alimentar-se, da matéria orgânica sintetizada pelas plantas verdes, podemos concluir que toda a energia que mantém vivos os seres, em nosso mundo, provém das transformações da energia solar.

Entretanto, podemos e devemos levar mais longe as nossas conclusões, se considerarmos que essa realidade não se confina à fisiologia terrestre, em termos de matéria propriamente dita, pois se estende ao plano dos humanos desencarnados, nos mesmos níveis substanciais de evolução. A matéria mental, apesar dos aspectos estruturalmente diversos nos quais se organiza e se manifesta, obedece aos mesmos princípios fundamentais que regem o mundo físico, tal como entendido na crosta planetária. Sob o influxo da atividade mental, a glândula perispirítica que corresponde à hipófise do soma carnal segrega uma espécie de hormônio, semelhante à tireotrofina, cuja ação estimuladora auxilia a produção, pela tireoide perispiritual, de uma secreção semelhante à tiroxina, cujo trabalho não somente influi no metabolismo do corpo espiritual, mas atua, além disso, como importante fator de equilíbrio ou de desequilíbrio da estrutura celular do psicossoma.

Se bem que os processos de alimentação do soma perispirítico dos desencarnados humanos se caracterizem por extrema variedade de tipos, nos mais diferentes escalões evolucionários, eles não diferem substancialmente dos que se conhecem na crosta do mundo. O que ocorre é que sobem em escala inversa nos planos hierárquicos da evolução, pois enquanto os desencarnados mais *materializados* simplesmente continuam a agir segundo os mesmos métodos e processos a que se habituaram, adaptando-os às circunstâncias e às contingências da nova situação em que se encontram, os mais distanciados da matéria densa efetuam, em níveis de escala superiores, o mesmo processo de fotossíntese dos vegetais verdes da crosta planetária, para elaborarem o seu próprio alimento quintessenciado, a partir dos princípios elevados da luz enobrecida.

Se avançarmos nossos pensamentos na progressão lógica das induções a que nos levam os princípios da evolução, então acabaremos por começar a entender o sentido das palavras do Divino Mestre, quando disse: "Eu tenho para comer um alimento que vós não conheceis".

## 5.11 EQUILÍBRIO VITAL

O perispírito de um encarnado não tem maiores problemas de alimentação, porque além dos princípios atmosféricos de que se beneficia, por meio dos condutos respiratórios do aparelho corporal, se nutre natural e automaticamente dos recursos vitais do patrimônio sanguíneo do corpo carnal, a que fortemente se radica.

O problema de alimentação do corpo espiritual surge com a desencarnação, porque então o psicossoma precisa nutrir-se por seus próprios meios, de maneira direta, o que nem sempre consegue fazer com facilidade, por insciência ou indisciplina da mente, ou em razão da grande densidade fluídica de sua própria tessitura estrutural.

De notar, neste capítulo, que no mundo chamado físico, ou material, tudo é como se fosse dúplice ou, melhor dizendo, como se tivesse duas faces ou aspectos, ou ainda, num modo de dizer talvez mais apropriado, como se existisse em duas dimensões vibratórias de um mesmo plano: o da matéria propriamente dita e o da antimatéria. A bipolaridade é lei geral a manifestar-se naturalmente na universalidade dos fenômenos físicos ocorrentes em nosso orbe.

Já assinalamos, em página anterior, que a multiplicidade de aspectos e de níveis a serem considerados, no que tange ao problema da alimentação dos desencarnados terráqueos, impede analisemos a questão de qualquer ponto de vista bitolado e estreito. E como não pretendemos aqui senão registrar alguns apontamentos ligeiros, a respeito de um ou outro pormenor significativo das realidades sob nossa observação, dispensamo-nos de qualquer generalização acerca deste assunto.

Desejamos apenas alertar a atenção dos companheiros estudiosos para certos fatos, como o de ser a sensação de fome e certas compulsões viciosas alguns dos mais frequentes detonadores de atividades parasitárias obsessivas e até predatórias de muitos Espíritos desencarnados, sobre os encarnados e sobre recém-desencarnados que lhes caem sob o jugo.

Geralmente, porém, não se trata de vampirismo unilateral puro e simples, mas de complexos fenômenos de simbiose, caracterizando situações que, em razão disso, impedem tratamentos sumários, exigindo ação paciente e cautelosa dos benfeitores espirituais, cujo senso de responsabilidade não se permite intempestividades arbitrárias e injustas.

Se a Natureza não dá saltos e a evolução não se improvisa; se, além disso, todos os seres têm o mesmo fundamental direito à existência e, pois, à alimentação de que carecem para mantê-la; então, não nos podemos esquecer de que é no equilíbrio dos contrários que a lei natural fundamenta a ordem que sustenta a vida.

Assim, cada ser dará compulsoriamente daquilo que tem, àquele outro que precisa, para, por sua vez, conseguir o de que necessita e daquele outro pode, em troca, obter.

Obsessivos comensais de lares que os sustentam transformam-se, em razão disso, em seus defensores naturais, atendendo assim a necessidades próprias. A associação de interesses é regra de conduta que a divina Lei de Amor impõe naturalmente em toda parte.

Disso se infere que, ainda aí, como em tudo mais, o bem sempre prevalece, de tal modo que todo mal nele se anula e dissolve. Imaginar coisa diversa implica supor o absurdo de uma limitação à completa e substancial vitória da vontade absoluta de Deus, que é, afinal, o soberano Bem, onipresente e eternamente ativo.

## 5.12 VIRTUDE E CONHECIMENTO

É certo que os valiosíssimos estudos de Fraunhofer e de Fresnel, a respeito da difração das ondas eletromagnéticas, jamais visaram a extrapolações filosóficas, tampouco o cálculo das *curvas de vibração* por meio da *espiral de Cornu*. Todavia, nada nos impede anotar, a respeito, uma ou outra particularidade, para dela extrairmos certos conceitos que nos interessam mais de perto.

Vejamos, por exemplo, o fato, aparentemente sem maiores implicações, de que, no próprio centro de sombra que algum pequeno objeto circular projeta sobre um anteparo, sempre se observa a existência dum minúsculo ponto iluminado.

O fenômeno desperta nos físicos terrenos um interesse meramente técnico, ligado aos processos naturais da difração da luz; nós, porém, vemos nele pálida imagem do que se verifica no reino das vibrações de natureza mais sutil, atingindo vastos setores da vida espiritual.

A Luz Divina também se *difrata*, ao encontrar a resistência duma mente que provisoriamente se lhe mostre refratária; mas, ainda assim, revela-se presente e ativa no próprio núcleo da sombra que tal ser projeta de si mesmo.

Essa verdade exemplifica por que jamais é vã qualquer emissão de luz espiritual sobre quem quer que seja, por mais empedernido no mal e aparentemente infenso ao bem esse alguém seja. O Amor é Luz Divina que não se perde jamais.

É claro que, em qualquer plano, os fenômenos têm a sua hierarquia. Quando se observa a difração de raios X, pelos átomos duma rede cristalina, percebe-se complexa superposição de efeitos de interação, que conduzem a espalhamento, e de efeitos de interferência provocados por trens de ondas.

Tudo isso, e muito mais, se observa, por igual, noutro nível, na Física transcendente, a lembrar-nos de que a Lei da Vida é fundamentalmente a mesma em toda parte.

Consideremos agora este outro assunto, dentro da mesma ordem de ideias: na técnica das práticas magnetistas são comumente usados passes transversais e passes longitudinais, conforme o caso e o que se pretende porque, dentre outras razões, as ondas transversais e as longitudinais diferem umas das outras pela relação entre a sua direção de propagação e a do movimento das partículas do meio em que se movem. Numa onda transversal, as duas direções são perpendiculares, enquanto numa onda longitudinal elas são coincidentes. As ondas transversais podem ser polarizadas; nunca, porém, as longitudinais.

Já as ondas que se propagam na água não são transversais, nem longitudinais, o que explica a facilidade com que aquela pode ser *fluidificada*, isto é, magnetizada, pois num meio líquido podem propagar-se ondas de pressão de grande intensidade e muito velozes.

Não fosse o despreparo moral em que a nossa Humanidade ainda se compraz, os Poderes de Cima já teriam desvelado, por meio de seus missionários, inumeráveis conhecimentos e recursos novos de técnica científica, capazes de outorgar maiores poderes de ação ao homem terrestre. Enquanto, porém, as criaturas da crosta e de suas adjacências não assimilarem na prática a Lei do Amor, os recursos ao seu dispor continuarão sendo basicamente apenas aqueles suscetíveis de agir sobre as formas físicas, e não sobre as estruturas mais profundas do Espírito imortal.

## 5.13 SISTEMAS E SÓIS

No imenso viveiro de forças em tensão, que é o Espaço sideral, onde os sóis viajam à velocidade média de cem quilômetros por segundo, os Cristos de Deus, parteiros de mundos e pastores de Humanidades, não só vigiam e governam as vias-lácteas, como organizam e protegem os ovos cósmicos de que nascem as galáxias.

Microscópicos sóis de sistemas atômicos, que são estruturalmente similares aos sistemas solares e aos sistemas anímicos, os complexos núcleos dos átomos primordiais cercam-se de elétrons, cuja poderosa ação, chamada eletricidade, desencadeada pela extrema velocidade de seus movimentos orbitais, gera o que se denomina magnetismo.

Nessas equações de força e luz, eletricidade e magnetismo, o traço de união e de equilíbrio é sempre o Amor divino, fonte suprema de que toda vida nasce e se alimenta.

O Universo é o Império Divino dos raios e das forças, onde tudo e todos se intercomunicam e se sustentam. As árvores, os animais, a terra, as águas e o ar, tudo, enfim, que circunda o ser humano, o atinge com as suas irradiações e é igualmente atingido pelas irradiações dele.

Se das profundezas da terra partem raios gama, de um décimo bilionésimo de milímetro, na direção do Sol, o coração que singulta no peito de um homem é um gerador de raios que opera na frequência de uma oscilação por segundo.

Estrelas gloriosas, semeadas por todos os quadrantes do espaço expedem, sem cessar, em todas as direções, uma aluvião de raios cósmicos, da fantástica pequenez de um trilionésimo de milímetro, tão penetrantes e poderosos que nenhuma barreira material pode detê-los.

Não fossem as radiações solares de luz alaranjada, de 0,0066 mm de comprimento, as células vegetais não conseguiriam realizar a síntese de substâncias orgânicas, mediante a fixação do gás carbônico do ar; e sem esse trabalho fundamental, nenhum homem ou animal terrestre viveria, pois todos dependem, para sobreviver, dos alimentos primários que somente os vegetais são capazes de elaborar.

Trono do Cristo, o Sol controla e alimenta o nosso pequeno planeta, a 150 milhões de quilômetros de distância, que a sua luz percorre em cerca de oito minutos e meio. Para manter sua família planetária, ele gera aproximadamente 83.000 cavalos-vapor, isto é, mais de 61.000.000 watts de energia, em cada metro quadrado de sua superfície, que envia ao espaço ao seu redor, ao mesmo tempo que converte por volta de 616 milhões de toneladas de hidrogênio em hélio, por segundo.

É das 3.600.000 por metro quadrado, que o Sol fornece, que são absorvidas pelas águas de nossos oceanos, rios e lagos, as calorias que se transformam nas nuvens que precipitam as chuvas.

Tudo isso é, porém, palidíssima imagem do grande sistema anímico de que os nossos Espíritos fazem parte, o grande sistema cujo sol é Cristo Jesus, de cujo amor e de cuja força vivemos, no infinito Império universal, cuja alma é Deus, o Pai eterno.

Consolemo-nos de não ser, nesse sistema, os menos evolvidos, pois mesmo em termos estritamente físicos, a relação é a mesma entre um átomo e um corpo humano e entre este último e o Sol, já que, segundo cálculos razoáveis, o corpo humano é constituído por cerca de dez nonilhões de átomos, o mesmo número de homens que se imagina seriam precisos para povoar, se isso fosse possível, o espaço interno do Sol.

Foi por essa razão que disse certa vez, ilustre cientista, que nos domínios do Universo, está o homem "entre o átomo e as estrelas".

## 5.14 PROBLEMAS DE SINTONIA

Na sua feição de aparelhagem eletromagnética, de extrema e delicada complexidade, o ser humano apresenta a singularidade de não poder jamais desligar-se ou ser desligado. Mesmo nas piores condições de monoideísmo, ou despido da roupagem perispirítica, após os dolorosos eventos da segunda morte da forma, e até nas mais ingratas condições de letargia mental, o Espírito humano continua ativo e sintonizado com as *noures* a que se afina.

Sendo o pensamento contínuo uma conquista definitiva da alma, não pode esta, ainda que o queira, desligar-se do circuito por meio do qual se ajusta às forças vivas e conscientes do Universo. Entretanto, cada qual emitirá e receberá sensações na faixa de frequência que lhe é própria, e da mesma qualidade que lhe marca o teor dos interesses.

Embora ondas de todos os comprimentos cruzem constantemente o ar que respiramos, nenhum aparelho receptor de frequência modulada consegue captar as emissões de ondas curtas para as quais não foi programado. Contudo, uma vez que esteja funcionando, captará compulsoriamente os sons da frequência com que estiver sintonizado.

Em razão disso, cada um de nós conviverá sempre, em toda parte e a todo tempo, com aqueles com quem se afina, efetuando permanentemente, com os seus semelhantes, as trocas energéticas que, em face da lei, asseguram a manutenção de todas as vidas.

Atendendo às disposições da afinidade, esse imperativo substancia igualmente o primado da justiça iniludível que preside a todos os destinos, na imensa esteira da evolução. Qualquer mudança de sintonia, ou diferenciação de níveis de troca energética vital, sempre decorrerá necessariamente de alteração do potencial íntimo de cada Espírito e da natureza de seus pensamentos e emoções.

## Universo e Vida

As forças que nos jungem uns aos outros são, por isso mesmo, as que emitimos de nós e alimentamos em nosso próprio âmago.

Os compromissos que disso decorrem são mais do que evidentes, pois ninguém deixará, em momento algum, de integrar e engrossar alguma corrente de forças, atuante e dirigida para determinado objetivo. Cada qual de nós está, portanto, trabalhando sem cessar, de momento a momento, seja para o bem ou para o mal, na construção do amor ou do ódio, da alegria ou da desventura, da felicidade ou do desequilíbrio.

Claro que o problema da responsabilidade é sempre proporcional ao nível de consciência de cada um. Em sua grande maioria, os Espíritos terráqueos não são, na atualidade, deliberadamente maus, embora estejam muito longe de ser conscientemente bons. Vogam, por isso, alternada e desordenadamente, entre os impulsos superiores e os inferiores, experimentando, na angústia de sua indefinição, todas as gamas de sensações de uma experiência multifária, que ainda se processa ao sabor dos improvisos, entre crises de animalidade e anseios de integração com o Céu. Fazendo e desfazendo, construindo e demolindo, plantando rosais e espinheiros, a alma humana comum é qual folha batida por todos os ventos e arrastada por todas as correntezas.

Quando, porém, um coração já ascendeu a planos mais altos e já se acostumou ao pão divino de ideais elevados e de sensações sublimadas, não sintonizará, sem terríveis padecimentos interiores, às faixas de emoções mais deprimentes da experiência humana. Independentemente das responsabilidades que assuma e dos males que semeie, e que terá de colher, essa consciência amargurada sentirá vibrar, nos seus mais tristes acentos, a nostalgia do paraíso perdido. E como ninguém atraiçoa impunemente a Lei, nem a si mesmo, esse Espírito infeliz corre ainda o risco enorme de, pelo seu maior poder de percepção e de sintonia, cair vitimado por processos demoníacos de hipnose obsessiva, sob o guante impiedoso do poder das Trevas.

É assim que se criam, frequentemente, doridos e complicados processos de resgate e recuperação de Espíritos substancialmente nobres, que se deixaram voluntariamente imergir em densos lagos de lama.

Essa a razão da advertência do Divino Mestre, que há dois mil anos repercute no mundo: "Aquele que comete pecado faz-se escravo do pecado." Nem é por diverso motivo que o Cristo nos convida, compassivo, há vinte séculos, a sermos *filhos da Luz*.

## 5.15 O PODER DAS TREVAS

Espantam-se alguns companheiros de aprendizado com as demonstrações de força do chamado Poder das Trevas, capaz de organizar verdadeiros impérios, em zonas umbralinas e nas regiões subcrostais, de onde consegue atuar organizada e maleficamente sobre pessoas e instituições na crosta da Terra.

O espanto, porém, é descabido, não só por motivos de boa lógica, mas igualmente por motivos de ordem técnica.

Por mais intelectualizados que possam ser os gênios do mal, e por mais sofisticados que sejam os seus recursos tecnológicos, não podem eles, nunca puderam e jamais poderão afrontar a sabedoria e o poder do Cristo e de seus grandes mensageiros, que controlam, com absoluta segurança, todos os fenômenos ocorrentes no planeta e no sistema de que este é parte.

Tudo o que as inteligências rebeladas podem fazer é rigorosamente condicionado aos limites de justiça e tolerância que o Governo da Vida estabelece, no interesse do sumo bem.

É fora de dúvida que os *Dragões* e seus agentes possuem ciência e tecnologia muito superiores às dos homens encarnados e, sempre que podem, as utilizam. Entretanto, os Poderes celestes sabem mais e podem mais do que eles.

A Treva pode organizar, e organiza, infernos de vasta e aterrorizadora expressão; contudo, sempre que semelhantes quistos ameaçam a estabilidade planetária, a intervenção superior lhes promove a desintegração.

Os *demônios*, que se arrogam os títulos de *juízes*, e que há muitíssimo tempo utilizam, em larga escala, processos e instrumentais de desintegração que nem a mais moderna ficção científica dos encarnados ainda sequer imagina, realmente conhecem muito mais do que os homens sobre a estrutura e a dinâmica dos átomos e das partículas elementares. Eles sabem consideravelmente mais do que os cientistas e pesquisadores terrenos, acerca de muito mais coisas do que massa, carga, spin, número bariônico, estranheza e vida média de lambdas, sigmas, csis, ômegas etc., e conseguem verdadeiros *milagres* tecnológicos, a partir de seus conhecimentos práticos avançados sobre ressonâncias e recorrências, usando com mestria léptons, mésons e bárions, além de outras partículas, como o gráviton, que o engenho humano experimentalmente desconhece.

Apesar disso, os operadores celestes não somente varrem, com frequência, o lixo de saturação que infecta demasiado perigosamente certas regiões do Espaço, aniquilando-o por meio de interações de partículas com antipartículas atômicas, como se valem de outros recursos, infinitamente mais poderosos, rápidos e decisivos, para além de todas as forças eletromagnéticas e físico-químicas ao alcance das Trevas.

Também a capacidade de destruição do homem encarnado permanece sob o rigoroso controle do Poder celeste. A energia produzida pelas reações nucleares, que os belicistas da crosta já conseguem utilizar, não vai além de um centésimo da massa total dos reagentes. Eles sabem que o encontro de um pósitron com um elétron de carga negativa resulta na total destruição de ambos, pela transformação de suas massas em dois fótons de altíssima energia. Entretanto, não conseguem pósitrons naturais para essas reações e não são capazes ainda de produzi-los senão à custa de um dispêndio energético praticamente insuportável.

Assim, as Trevas podem realmente assustar-nos e ferir-nos, sempre que nossos erros voluntários nos colocam ao alcance de sua maldade. Basta, porém, que nossa opacidade reflita um único raio do Amor divino, para que nenhuma força maligna possa exercer sobre nós qualquer poder.

## 5.16 COMANDO MENTAL

Todos sabemos que é principalmente das queimas respiratórias intracelulares que o corpo humano obtém a energia necessária ao seu funcionamento.

Como aparelho vivo, o organismo somático do homem é realmente uma máquina de combustão, onde a penetração de oxigênio em moléculas de carbono libera a força íntima de pressão destas últimas, na formação de gás carbônico, produzindo, desse modo, energia calorífica.

Entretanto, cada uma das trinta bilhões de células do corpo humano é não somente uma usina viva, que funciona sob o impulso de oscilações eletromagnéticas de 0,002 mm de comprimento de onda, mas, por igual, um centro emissor, permanentemente ativo, de poderosos raios ultravioleta.

Os processos de manutenção da biossíntese do ser humano podem ser fundamentalmente endotérmicos, mas é a mente espiritual que comanda a vida fisiopsicossomática, de modo mais ou menos consciente, conforme a posição evolutiva de cada Espírito.

A mente espiritual não se alimenta, realmente, em exatos termos de vida própria, senão de energias cósmicas, de natureza eminentemente divina, das quais haure recursos para a sua autossustentação. Esses recursos, ela os transforma na energia dinâmica, eletromagnética, que lança ao cosmo em que se manifesta e que controla por meio dos liames de energia espiritual, que a mantém em contato com o citoplasma e que impressionam a intimidade das células com os reflexos da mente.

Quanto mais o Espírito evolve, tanto mais livre, efetiva e conscientemente governa a si mesmo e ao seu cosmo orgânico, cujo metabolismo é conduzido e controlado pelas forças vivas do seu pensamento e das suas emoções.

Quem de fato cresce, definha, adoece e se cura é sempre o Espírito. Em sua multimilenária trajetória no tempo e no espaço, ele aprendeu, aprende e aprenderá, por via de incessantes experimentações, a manter e enriquecer a própria vida.

O cristal cresce por acúmulo, em sua superfície, de substâncias idênticas à de que se constitui; mas isso não se dá com os seres vivos. Mesmo no caso de células nervosas, de características especialíssimas, que crescem sem se dividirem, o fenômeno é outro, pois seu crescimento se verifica de modo estruturalmente uniforme e não apenas superficial.

De regra, não é o aumento de volume das células, e sim a sua multiplicação numérica, que determina o crescimento dos organismos. A diferença entre um organismo recém-nascido e um organismo adulto não é somente de tamanho, mas sobretudo de complexidade.

Assim também com o Espírito. Quanto mais evoluído, sábio e moralizado, mais complexa e poderosa a sua estrutura orgânica perispiritual, capaz de viver e agir em domínios cada vez mais amplos de tempo e espaço.

Se a conquista progressiva do conhecimento nos faz compreender sempre melhor a modéstia da nossa atual condição evolutiva e a extensão do quanto ainda ignoramos, compelindo-nos à humildade diante da sabedoria e do poder de Deus, dá-nos também uma crescente noção de autorrespeito, em face da excelsa nobreza da vida.

## 5.17 SOMBRA E LUZ

Qualquer estudante de Física sabe que a ação da luz pode impor diferenciações a variáveis ou a propriedades de substâncias e sistemas, determinando, por exemplo, variações de resistência elétrica, emissão de elétrons ou excitações de redes cristalinas.

Sabe também que os fótons têm massa em repouso nula, carga elétrica nula e spin unitário, mas que a energia de cada um é sempre igual ao produto da constante de Planck pela frequência do campo.

Também não ignora que, num meio material, a velocidade de um fóton pode ser menor do que a da radiação eletromagnética no vácuo, porque ele interage com as partículas do meio.

Igualmente, não constitui novidade que um cátodo fotossensível, excitado por uma radiação apropriada, emite elétrons que podem ser acelerados para um eletrodo, provocando a emissão de novos elétrons, ainda mais numerosos. E se novas acelerações ocorrerem, em sequência, para outros eletrodos, o número inicial de elétrons pode multiplicar-se por várias potências de dez.

Até aí, nenhuma novidade. Entretanto, neste outro lado do plano físico em que o homem desencarnado reside, isto é, no plano a que a morte do corpo nos conduz, e onde a matéria diferenciada e muito mais plástica se caracteriza por bem menor densidade, a influência da luz é, na mesma inversa proporção, muito maior.

Se no plano físico fótons podem decompor moléculas e, quando possuem energia superior a 5,18 ou 5,40

MeV,[8] podem até provocar fissões nucleares, como a do urânio 233 e a do tório 230, aqui a gradação natural e automática, ou conscientemente provocada, determina com facilidade o teor eletromagnético de qualquer tipo de luz, a ponto de tornar-se uma claridade confortadora e reconstituinte ou, ao contrário, insuportável por quem não tiver capacidade fisicopsicomoral para absorvê-la.

É em razão disso que os *filhos da Luz*, isto é, as consciências iluminadas pelo bem, são sempre mais poderosos do que os *filhos da Treva*, ou seja, as consciências ensombrecidas pelo crime. Isto porque as vibrações do pensamento têm sempre efeitos luminosos, geram luz, e essa luz tem, naturalmente, frequência, intensidade, coloração, tonalidade, brilho e poder peculiares, de acordo com a sua natureza, força e elevação.

Poder-se-ia dizer que a hierarquia espiritual se assinala por naturais diferenças de luminosidade, a traduzir níveis e expressões variadas de elevação, grandeza, potência e saber.

Se considerarmos que as vibrações luminosas da aura espiritual se fazem acompanhar de sons e odores característicos, além de outras intraduzíveis expressões de dinamismo vital, poderemos tentar formular vaga ideia do que chamaríamos o mundo individual de um Espírito Superior, pois não temos, por enquanto, nenhuma possibilidade de imaginar a excelsa sublimidade da aura de um Espírito angélico.

Se a crônica do mundo referiu-se à claridade da explosão de uma bomba atômica, dizendo que ela teve o

---
8   N.E.: Megaelétron-volt.

fulgor de mil sóis, como se expressaria se pudesse suportar a gloriosa visão da Aura do Cristo?

Descendo, porém, à humildade da nossa condição, consideremos que tudo em nosso plano é relativo e que, dentro das limitações de nossa realidade, a luz do bem é força divina que o Poder do Alto nos convida constantemente a sublimar e expandir.

A sombra e a treva são criações mentais inferiores das mentes enfermiças, renováveis e conversíveis em luz confortadora, pela química dos pensamentos harmoniosos e dos sentimentos bons.

## 5.18 FLUIDO MAGNÉTICO

No processo da encarnação, ou reencarnação, a mente espiritual, envolta no seu soma perispirítico reduzido, isto é, miniaturizado, atrai magneticamente as substâncias celulares do ovo materno, ao qual se ajusta desde a sua formação, revestindo-se com ele para, de imediato, começar a imprimir-lhe as suas próprias características individuais, que vão sendo absorvidas pelo novo organismo carnal, à medida que este se desenvolve e se desdobra segundo as leis genésicas naturais.

Intimamente ligada, desse modo, a cada célula física, que se forma segundo o molde da célula perispiritual preexistente a que se acopla, a mente espiritual assume, de maneira mais ou menos consciente, em cada caso, mas sempre rigorosamente efetiva, o comando da nova personalidade humana, que assim se constitui de Espírito, perispírito e corpo material.

Importa aqui considerar que as características modulares que a mente imprime às células físicas que se formam são por ela transmitidas e fixadas por meio de uma força determinada, que é a energia mental, veiculada pelas ondas eletromagnéticas do pensamento. Quando o molde perispirítico preexiste exteriorizado, as vibrações mentais, atingindo-o em primeiro lugar, encontram maiores recursos para a ele ajustarem as novas células físicas. Noutros casos, as vibrações mentais, atuando sobre moldes perispiríticos amorfoidizados por ovoidização, valem-se do processo fisiológico natural de desenvolvimento genético para reconstituir a tessitura da organização perispiritual, ao mesmo tempo que imprimem às novas células deste, e às do soma físico, as características de sua individualidade.

Assim, as ondas eletromagnéticas do pensamento, carregadas das ideoemoções do Espírito, constituem o que se denomina fluido magnético, que é plasma fluídico vivo, de elevado poder de ação. Daí em diante, e pela vida toda, refletem-se na mente espiritual todos os fenômenos da experiência humana do ser, cuja quimiossíntese final nela também se realiza. Justo é que nela se reflitam e se imprimam tais resultados, por ser ela mesmo quem comanda o ser ou, melhor dizendo, por ser ela o próprio ser, que do mais se vale como de instrumentos indispensáveis à sua ação e manifestação, porém não mais do que instrumentos.

É das vibrações da mente espiritual que dependem a harmonia ou a desarmonia orgânicas da personalidade e, portanto, a saúde ou a doença do perispírito e do corpo material.

De acordo com o princípio da repercussão, as células corporais respondem automaticamente às induções hipnóticas espontâneas que lhes são desfechadas pela mente, revigorando-se com elas ou sofrendo-lhes a agressão. Raios mentais desagregadores, de culpabilidade ou remorso, formam zonas mórbidas no cosmo orgânico, impondo distonia às células, que adoecem, provocando a eclosão de males que podem ir desde a toxiquemia até o câncer.

Tanto ou mais do que os prejuízos causados pelos excessos e acidentes físicos, muitas vezes de caráter transitório, as ondas mentais tumultuadas, se insistentemente repetidas, podem provocar lesões de longo curso, a repercutirem, no tempo, até por várias reencarnações recuperadoras.

Além disso, na recapitulação natural e inderrogável das experiências do Espírito, quando se trata de ônus cármicos em aberto, eclodem, com frequência, em determinadas faixas de idade, e em certas circunstâncias engendradas pelos mecanismos da expiação, forças desarmônicas que afligem a mente, desafiando-lhe a capacidade de autocontrole e autossuperação, sob pena de engolfar-se ela em caos de intensidade e duração imprevisíveis.

Não podemos, tampouco, esquecer os problemas de sintonia, decorrentes da lei universal das afinidades, que obriga os semelhantes a conviverem uns com os outros e a se influenciarem mutuamente. Como a onda mental opera em regime de circuito, incorpora inelutavelmente todos os princípios ativos que absorve, sejam de que natureza forem. Assim, tanto acontecem, entre as almas, maravilhosas fecundações de ideais e sentimentos nobres, como terríveis contágios mentais, algumas vezes até de natureza epidêmica, responsáveis por graves manifestações da patologia mento-física.

Tudo depende, por conseguinte, do modo como cada Espírito se conduz, no uso do fluido magnético que maneja. Com ele, pode-se ferir e prejudicar os outros, criar distúrbios e zonas de necrose, soezes encantamentos e fascinações escravizantes. Mas pode também manipular medicações balsâmicas, produzir prodígios de amor fecundo e estabelecer, por meio da prece e do trabalho benemerente, uma sublime ligação com o Céu.

## 5.19 AÇÃO MENTO-MAGNÉTICA

O pensamento é uma radiação da mente espiritual, dotada de ponderabilidade e de propriedades quimioeletromagnéticas, constituída por partículas subdivisíveis, ou corpúsculos de natureza fluídica, configurando-se como matéria mental viva e plástica. Partindo da mente, que a elabora, essa radiação se difunde por todo o cosmo orgânico, primeiro por meio do centro coronário, espraiando-se depois pelo córtex cerebral e pelo sistema nervoso, para afinal atingir todas as células do organismo e projetar-se no exterior.

Tal radiação mental, expedida sob a forma de ondas eletromagnéticas, constitui o fluido mento-magnético que, integrado ao sangue e à linfa, percorre incessantemente todo o organismo psicofísico, concentrando-se nos plexos, ou centros vitais, e se exteriorizando no *halo vital*, ou aura.

Do centro coronário, que lhe serve de sede, a mente estabelece e transmite a todo o seu cosmo vital os seus padrões de consciência e de manifestação, determinando o sentido, a forma e a direção de todas as forças orgânicas, psíquicas e físicas, que se lhe subordinam.

Por meio do centro cerebral, governa então as atividades sensoriais e metabólicas, enquanto controla a respiração, a circulação sanguínea, as reservas hemáticas, o sistema digestivo e as atividades genésicas, por meio, respectivamente, dos centros laríngeo, cardíaco, esplênico, gástrico e genésico.

É claro que, enquanto se demora em faixas modestas de consciência, a mente age em tudo isso de maneira instintiva, segundo a capacidade adquirida em miríades incontáveis de multifárias experiências, nos automatismos de repetição multimilenar, por meio da imensa jornada evolutiva que realizou, desde a condição de mônada fundamental, no corpo vivo das bactérias rudimentares.

Entretanto, esse maior ou menor grau de inconsciência, em sua própria atuação, em nada diminui a efetividade da ação da mente. Apenas, à medida que ela evolve, amplia as próprias alternativas de poder, ganhando liberdade de conduta cada vez maior, por dispor de recursos de conhecimento teórico e prático cada vez mais amplos. É pelo fluido mento-magnético que a mente age diretamente sobre o citoplasma, onde se entrosam e se interam as forças fisiopsicossomáticas, sensibilizando e direcionando a atividade celular, no ambiente funcional especializado de cada centro vital, saturando, destarte, as diversas regiões do império orgânico, com os princípios ativos, quimioeletromagnéticos, resultantes de seu metabolismo ideoemotivo saudável ou conturbado, feliz ou infeliz.

Cumpre notar, todavia, que o fluido mento-magnético não é apenas o instrumento por excelência da ação da mente sobre o fisiopsicossoma, mas igualmente o veículo natural que leva de volta à mente a reação fisiopsicossomática. Ele está, portanto, constantemente carregado de forças mento-físicas interadas, que são a síntese viva do estado dinâmico do ser e a externação atuante de sua íntima e verdadeira realidade.

Eis por que o vemos às vezes designado por fluido animal ou fluido vital, que são, sem dúvida, formas ou modalidades pelas quais ele também se manifesta, tal como ocorre com o ectoplasma.

O fluido mento-magnético está na base de toda a fenomenologia mediúnica e, por consequência, na base de todos os fenômenos de sugestão, hipnose, auto-hipnose, obsessão e inspiração, por ser o elemento natural de comunicação e de trocas energéticas entre os seres vivos.

Daí a imensa importância do passe magnético, que é operação de transfusão de poderosas energias vivas. Lembremo-nos, porém, de que cada um só pode dar do que tem e só consegue receber o que merece.

## 5.20 FLUIDO CÓSMICO

Assim como o fluido mento-magnético envolve e penetra o organismo fisiopsicossomático do ser humano, que modela e comanda em suas mais íntimas estruturas, o Universo inteiro vive mergulhado e penetrado pelo fluido cósmico e vivificador que dimana da mente paternal de Deus.

Como já foi dito, é no eterno Pai que somos e vivemos. Ele é nossa Vida e nossa Luz, nossa essência e nossa destinação. Dele recebemos o dom do raciocínio e do movimento, da consciência e da vontade. Ele é a alma de nossa alma, a Substância de nosso ser. Existimos e evoluímos para conhecê-Lo, amá-Lo e n'Ele nos realizarmos na plenitude do Espírito, que é felicidade e harmonia, amor e poder. Viajamos para Ele desde tempos imemoráveis, do cristal ao vírus, da alga ao cefalópode, da esponja à medusa, do verme ao batráquio, do lacertino ao mamífero, do pitecantropo ao homem.

Por meio das eras incontáveis e das inúmeras transformações evolutivas que experimentamos, Seu divino Amor nos guia e sustenta, no carinho e na lucidez da Sua Justiça misericordiosa e da Sua ilimitada Bondade.

Infinito em Sua Solicitude, Ele não cessa de se mostrar a nós, Seus filhos, todos os dias, a todas as horas e em todas as situações, no sol da manhã e nas estrelas da noite, na imponência dos desertos e na placidez dos oásis, na doçura das fontes e na grandeza dos mares, no milagre dos nascimentos e no mistério das mortes.

É no celeiro inesgotável do Seu Hausto divino que os Arcanjos retiram o plasma vivificante com que constroem as galáxias e formam as constelações, distendendo e multiplicando, pelos domínios do sem-fim, a esplêndida sinfonia da vida.

Esse supremo Ser, Todo-Poderoso na Sua Eternidade e na Sua Glória infinita, vive em nós, e nós vivemos n'Ele! Seu Hálito nos envolve e nos penetra sem cessar. Somos Seus filhos, aprendizes da ciência e da arte de buscá-Lo, de descobri-Lo e de revelá-Lo em nós mesmos, pelo nosso esforço de comunhão com Sua divina Santidade, por meio do trabalho e do amor, na subida evolutiva que não para.

Quanto mais aprendemos e crescemos, mais pequeninos nos sentimos na escala infinita dos seres, em face das excelsas grandezas que continuamente deparamos. Quando, porém, nos voltamos para o Senhor de tudo e de todos, e sentimos vibrar dentro de nós o Espírito divino de nosso Criador e Pai, reintegramo-nos na graça e na esperança, na alegria e na felicidade de existir, cônscios de que, por meio do tempo-espaço de nossas limitações e de nossas dores, chegaremos um dia à intemporalidade ilimitada da perfeição, no seio paterno do onipotente Amor de que provimos.

O fluido cósmico que liga a Criação ao Criador é fonte inexaurível, sempre ao alcance de todas as criaturas. É nele que a nossa mente espiritual busca e encontra a quintessência energética de que se sustenta, e é a partir dele que elabora a matéria mental que expede por meio do pensamento, sob a forma de fluido mento-magnético.

Somos, por isso, de Deus, como tudo é de Deus, porque nós, como tudo, d'Ele provimos e d'Ele nos sustentamos. Ao malbaratarmos os bens da vida, depredamos o que é do Pai celeste, que, todavia, nos tolera e nos ensina pacientemente a usar a herança que Ele nos destinou ao nos criar, até que aprendamos, com os recursos do tempo e da experiência, a assumir e a exercer definitivamente o Principado espiritual, no seu Reino Divino.

# 6
# ANTES DO CRISTO

A História das civilizações terrestres é a da lenta evolução de um conjunto heterogêneo de Espíritos falidos, em regime de provas e expiações. Foi há cerca de quinhentos milênios que encarnaram neste orbe os primeiros Espíritos conscientes, embora muito primitivos, em fase de incipiente desenvolvimento. De pensamento ainda inseguro e habitando corpos animalescos, mas direta e carinhosamente amparados pelas falanges espirituais do Cristo Divino, tiveram de aperfeiçoar, pouco a pouco e com enormes dificuldades, o seu próprio perispírito e os seus veículos carnais de manifestação, submetidos a longo e áspero transformismo evolutivo, tanto quanto a própria Natureza terrestre, ainda em difíceis processos de ajustamento e consolidação. A Antropologia e a Paleontologia modernas registram, como marcos desse transformismo, primeiro o chamado *Pithecanthropus erectus*; depois dele o *Sinanthropus pekinensis*, que já usava o fogo e instrumentos de pedra e de madeira; o *Homo heidelbergensis*; seguido pelo *Homo neandertalensis* e pelo *Homem de Cro-Magnon* que viviam em grupos e em cavernas, e aprenderam a pintar e a fazer toscas esculturas.

Foi somente há cerca de quarenta milênios, quando os selvagens descendentes dos *primatas* se estabeleceram na Ásia Central e depois migraram, em grandes grupamentos, para o vale do Nilo, para a Mesopotâmia e para a Atlântida, que surgiu no mundo o *Homo sapiens*, resultado da encarnação em massa, na Terra, dos exilados da Capela, cuja presença assinalou, neste planeta, o surgimento das raças adâmicas.

É natural que, em contato com a matéria mais densa, aflorassem nos primitivos habitantes do nosso orbe, sob o automatismo dos instintos, as sensações e experiências vividas pelo princípio espiritual na sua demorada marcha para a aquisição da consciência. Esse fato, além de lógico e natural, por corresponder ao maior e quase único patrimônio de conquistas vitais daqueles seres, era também necessário para lhes assegurar a sobrevivência no mundo das formas materiais espessas e pesadas. Compreende-se que consciências ainda frágeis, mas rebeldes, assim servidas por todo um vasto arsenal de instintos inferiores, herdados da fase animal anteriormente vivida, surgissem no mundo em tão franco estado de selvageria, então agravada pelos novos poderes da vontade. Acresce que, acolhendo no seio de suas tabas numerosos Espíritos muito mais avançados em inteligência e em conhecimentos, porém revoltados e cruéis, sofreram-lhes a poderosa e deletéria influência moral, que ainda mais os inclinou à maldade deliberada, até mesmo por meio de cultos religiosos primários, sanguinolentos e perversos. Muitos, porém, dos exilados da Cabra, deixando-se tocar pelo sublime influxo das inspirações crísticas, pela saudade do seu paraíso distante e pelo sincero arrependimento de seus terríveis erros, conseguiram superar as suas imensas dificuldades psicológicas e inauguraram no mundo a era das grandes religiões. Organizadas pelas raças adâmicas, surgem então, no cenário do mundo, as quatro grandes civilizações da Antiguidade: a ariana, a egípcia, a hebraica e a hindu. Precisamos, porém, registrar que, muito antes de surgirem os arianos, já florescia no Oriente, como a mais bela e avançada das organizações primitivas do orbe, a grande civilização da velha China.

Das grandes organizações sociais criadas pelos ex-capelinos, a hindu é a mais antiga, vindo depois a egípcia, a hebreia e finalmente a ariana. Remontam a mais ou menos dez mil anos os primeiros surtos de civilização terráquea, embora, a rigor, só os acontecimentos dos últimos cinco milênios sejam convictamente registrados pela História. Em geral, as tábuas historiográficas começam as suas cronografias por volta do ano 3000 a.C., assinalando apenas por tradição o estabelecimento do Império Tinita, inaugurado por Menés, unificador dos dois reinos egípcios. São também muito vagos os registros humanos sobre o Faraó Zoser, iniciador do Império Menfita, cuja capital foi mudada de Tinis para Mênfis. Pouco minuciosas são, por igual, as notícias sobre os semitas do Tigre-Eufrates e suas notáveis cidades de Akad, Isin e Larsa.

A imponente civilização dos sumérios também floresceu no terceiro milênio a.C., nas cidades mesopotâmicas de Erech, Ur, Eridu, Lagach, Uruk, Kish e Nipur e existem registros suficientes sobre a boa capacidade de organização política e comercial desse povo, cujos dotes técnicos e artísticos são atestados pelos canais de irrigação que construiu, por seus trabalhos em metais e pela escrita cuneiforme que desenvolveu. Os sumérios possuíam sistema funcional de pesos e medidas e a eles, astrônomos competentes, se deve a primeira divisão do dia em 24 horas e da hora em minutos e segundos. Seu rei Hamurabi, o sexto da primeira dinastia, enérgico e sábio, promulgou na Babilônia o primeiro grande código humano de leis, que tanta influência iria exercer sobre a legislação mosaica.

Nessa época, a China era um pequeno império, dividido em nove províncias, sob o poder autocrático dos soberanos dinásticos da Hissia, enquanto a Ásia Central era palco de contínuas incursões de tribos mongóis e alpinas. No atual território iraniano habitavam os cassitas, os elamitas e os mitanos, arianos protonórdicos que formaram o Reino do Ela, sob o governo de Cutur-Lagar e que tinham em Susa e Anzã as suas cidades principais. Foram esses povos rudes, armados de arco e flecha, que introduziram o cavalo na Ásia Menor. Na Índia, porém, nasciam a Filosofia e a religião, no espírito e nas vozes dos grandes iniciados. Surgem, nos caracteres sânscritos, os *Vedas*,[9] com os seus cânticos e as suas preces de imorredoura beleza. Infelizmente, nascia também, no mundo, a dura discriminação racial, então estabelecida pela divisão da sociedade em castas.[10]

---

[9] Nota do autor: São quatro coleções de *Mantras* ou *Samhitas*, a saber: *Big-Veda, Yajur, Sama* e *Atharva-Veda*. Os *Upanishads* somente surgiriam muitíssimo depois, por volta do século VI a.C.

[10] Nota do autor: Sacerdotes e nobres (os brâmanes); guerreiros (os *xátrias*); mercadores (os *váxias*); camponeses e trabalhadores (*os sudras*) e os parias, que eram os autóctones dravinianos, de pele escura, descendentes dos *primatas*, aos quais os arianos recusavam qualquer tipo de direito.

Na mesma faixa de tempo que estamos considerando florescia a extraordinária civilização egipciana, em cujo seio alcançaram grande desenvolvimento as atividades agrícolas e navais, o Comércio, as artes, o Direito, a escrita, a Astronomia, a Medicina e a Matemática. As grandes cidadesde Mênfis e Heliópolis eram os seus mais importantes centros teológicos, cujos colégios sacerdotais, dotados da mais alta cultura, exerciam ampla influência sobre todos os setores da vida social. Espíritos de notável grandeza evolutiva, os antigos egípcios construíram uma civilização muito superior ao nível daquela época e das que se lhe seguiram, terminando por deixar nas grandes pirâmides — monumentos de saber ainda não de todo decifrado — não apenas a lembrança dos seus sonhos e das suas esperanças, senão também roteiros valiosos para a inteligência humana dos tempos futuros. Se bem que a grande maioria daqueles seres de eleição tenha retornado a Capela, numerosas entidades daquela grei permanecem nas esferas espirituais do nosso orbe, integrando as excelsas falanges do Cristo. Lamentavelmente, alguns outros, supinamente infelizes, se transformaram, com infaustos comparsas ex-capelinos, em tenebrosos Dragões do Mal.

Enquanto isso, importantes contingentes de egressos da Capela abandonavam a Ásia, atravessavam os planaltos pérsicos e se dividiam em ramos diversos, espalhando-se em todas as direções, desde o Mar Báltico até o Mediterrâneo. Logo falaremos deles, pois se tornariam, no correr do tempo, os grandes artífices das extraordinárias civilizações arianas da Europa.

Dentre os exilados de Capela, certo grupo considerável de Espíritos se caracterizava por um conjunto muito especial de qualidades e defeitos. Unidos entre si por fortes vínculos raciais, gostos e costumes, formavam uma sociedade extremamente solidária entre os seus membros, idealista e operosa, mas de exacerbada vaidade, orgulho impenitente e fanático exclusivismo. Espíritos dotados de grande desenvolvimento intelectual, mas de insaciável apetite de posse e de poder, opuseram-se tão teimosamente à vitória da fraternidade ampla, em seu mundo de origem, que acabaram banidos para a Terra, a fim de que, no contato forçado com outros povos e sob o guante de amargas experiências, aprendessem as lições do amor e da humildade, do desprendimento e da abnegação. Falamos dos hebreus, cuja História terrena começa há quarenta séculos, quando o patriarca Abraão, filho de Terá e descendente de Sem, deixou a cidade caldeia de Ur, levando a sua família para a Terra de Canaã, como então se chamava a Palestina, ou Terra da Púrpura, assim depois denominada por causa do corante que se passou ali a fabricar. Por três mil anos esse povo permaneceu seminômade, vivendo basicamente de pastoreio, de agricultura de autossustentação e de artesanato, e em contínuos combates de sobrevivência com outros povos. Durante esse tempo cresceu em número, até abrigar todos os membros espirituais da sua raça, enquanto consolidava as suas tradições e o seu culto — o único declarada e indisfarçadamente monoteísta de todos os povos antigos. Em fins do século XVII a.C., sérias desavenças levaram os irmãos de José, filho de Jacó, neto de Abraão, a vendê-lo como escravo. Conduzido como cativo à presença do Faraó do Egito, para quem solucionou, com seus poderes mediúnicos, o enigma de importante sonho premonitório, foi guindado, também pela competência que logo revelou, a altas funções de governo. Era José o chanceler do Egito quando, premidos pela fome que flagelava a Palestina, muitos hebreus começaram a emigrar para a Terra dos Faraós, cuja civilização lhes oferecia condições de sobrevivência, embora encontrassem ali apenas trabalho servil e humilhantes condições de existência. Com esses imigrantes vieram os irmãos mais velhos de José, a quem este fez submeter a dura prova, para avaliá-los. Como eles foram capazes de arriscar a própria vida para defender a do irmão caçula, Benjamin, José os perdoou e, com a aquiescência do Faraó, acolheu com generosidade o velho Jacó e toda a sua família. Quinhentos anos ficaram os hebreus nas terras do Egito, até que Moisés, no século XII a.C., depois de adquirir, sob a proteção de Termútis, todos os conhecimentos técnicos dos egípcios e toda a ciência iniciática do Faraó e dos grandes sacerdotes, se pôs à frente do povo israelita e o conduziu à liberdade. Sendo, porém, como realmente foi, o maior estadista que o mundo conheceu, ao invés de marchar diretamente para a sonhada Canaã, manteve no deserto todo o povo, sob o seu comando, durante quarenta anos, a fim de substituir as gerações, educar as gerações novas, consolidar a fé monoteísta e estabelecer uma legislação capaz de assegurar para sempre a sobrevivência da raça. Os dez mandamentos que recebeu no Sinai e promulgou para o povo são até hoje os fundamentos por excelência da mais alta Filosofia moral de toda a Humanidade.

 A esse tempo, os fenícios constroem Sídon e Tiro, colonizam a costa do Mediterrâneo e inventam o alfabeto que se espalharia rapidamente por todo o Oriente Médio.

Na Grécia, florescem Atenas e Esparta e surge o alfabeto grego. A Babilônia torna-se o centro comercial do Oriente. Logo, porém, essa situação seria profundamente alterada, porque os assírios subjugaram a Armênia, a Síria e o Egito; os etruscos fundaram Roma e os hebreus, que haviam conquistado Canaã sob o comando de Josué, que venceram com Sansão os filisteus e depois estabeleceram o seu reino com Saul, Davi e Salomão, entraram em guerra civil, dividiram-se nos reinos de Judá e de Israel e acabaram cativos do babilônio Nabucodonosor.

Surge então um momento histórico de excepcional beleza e crucial importância: o grande Lao-Tsé instaura na China um novo código de elevada moral, logo complementado pelo Espírito missionário de Confúcio; na Índia, esplende a figura magnífica de Buda; Ciro, o Grande, liberta os hebreus, que reconstroem o seu templo; é compilado o *Avesta*, de Zoroastro; os patrícios fundam a República Romana e a Grécia conhece os esplendores do *Século de Péricles*.

Evidencia-se com nítida clareza a ação do Governo Espiritual do Mundo, num gigantesco esforço de preparação para o já próximo aparecimento do Senhor Jesus Cristo sobre a face da Terra. Providências de vulto são tomadas para a unificação dos povos. Grandes luminares do Plano maior são enviados à crosta planetária, ininterruptamente, durante cinco séculos. Foi assim que a Humanidade recebeu, sucessivamente e dentre outras, as visitas luminosas e inspiradoras de Elias, Amos, Oseias, Jeremias, Lao--Tsé, Confúcio, Buda, Tales de Mileto, Pitágoras, Péricles, Ésquilo, Anaxágoras, Hipócrates, Heródoto, Sócrates e Aristóteles. As ciências e as artes, a Filosofia e a religião alcançam índices majestosos de progresso. Alexandre funda um império gigantesco, que se estende desde o Egito até a Índia, universalizando os avanços e as belezas da cultura grega e estabelecendo preciosos liames de comunicação entre povos diversos e distantes.

Bastou, porém, a desencarnação de Alexandre, para que os seus generais levassem o grande império ao desmembramento. As lutas que travaram uns contra os outros resultaram na vitória de três deles, que dividiram entre si os domínios macedônios: Cassandro ficou com a Grécia; Ptolomeu, com o Egito; e Seleuco com as terras da Ásia, sob o nome genérico de Síria. Esses três reinos, assim constituídos, cairiam pouco depois um a um sob a dominação latina, porque as forças do Grande Destino haviam decidido, no Alto, reunificar o sistema político e social do mundo, às vésperas do advento do Divino Mestre. Surgia, desse modo, sobre a face da Terra, o Império de Roma, na sua imponente expressão.

Repetindo velhos erros, os dominadores romanos não conseguiram manter-se moralmente incólumes no exercício do poder e se desbordaram em toda a sorte de desmandos. Violências desnecessárias e iníquas, perseguições e morticínios, saques e vinditas multiplicaram lágrimas e crimes. Apesar disso, a Divina Providência conseguiu restabelecer, no vasto império, a ordem e a paz, preservando as notáveis conquistas da família romana e consolidando os direitos civis, coroados pelas leis *Canuleia* e *Ogúlnia*. Então, sob o cetro de Augusto, o mundo romano descansou, reconfortado, em suave respiro de bonança. A Humanidade ia receber a visita augusta do soberano Cristo de Deus.

# 7
## O FILHO DO HOMEM

No seio excelso do Criador incriado, nos cimos da evolução, pontificam os Cristos divinos, os devas arcangélicos, cuja sublime glória e soberano poder superam tudo quanto de magnificente e formidável possa imaginar, por enquanto, a mente humana. São eles que, sob a inspiração do grande Arquiteto do Universo, presidem, no Infinito, à construção, ao desenvolvimento e à desintegração dos orbes, fixando-lhes as rotas, as leis fisioquímicas e biomatemáticas e gerindo seus destinos e os de seus habitantes.

Os Cristos, Espíritos puríssimos, não encarnam. Não têm mais nenhuma afinidade essencial com qualquer tipo de matéria, que é o mais baixo estágio da energia universal. Para eles, matéria é lama fecunda, que não desprezam, sobre a qual indiretamente trabalham por meio dos seus prepostos, na sublime mordomia da vida, mas coisa com que não podem associar-se contextualmente, muito menos em íntimas ligações genéticas. Eles podem ir a qualquer parte dos Universos e atuar onde lhes ordene a Vontade Todo-Poderosa de Deus Pai; podem mesmo mostrar-se visualmente, por imenso sacrifício de amor, a seres inferiores e materializados, indo até ao extremo de submeter-se ao quase aniquilamento de tangibilizar-se à vista e ao tato de habitantes de mundos inferiores, como a Terra; mas não podem encarnar, ligar-se biologicamente a um ovo de organismo animal, em processo absolutamente incompatível com a sua natureza e tecnicamente irrealizável.

A possibilidade de violentação das leis naturais é relativa e não chega até o ponto de permitir que um organismo celular de matéria densa resista, sem desintegrar-se instantaneamente, à mais abrandada vibração bioeletromagnética de um Espírito crístico. Se é impraticável a um Espírito humano, inteligente e dotado de consciência, encarnar em corpo de irracional, por completa impossibilidade biológica de assimilação mútua entre a matriz perispirítica e o óvulo animal de outra espécie, para não falarmos também das impossibilidades psíquicas de semelhante absurdo de retrogradação evolutiva, muito menos poderia um cristo encarnar em corpo humano terrícola. A distância evolucionária que separa um orangotango de um homem terrestre é bem menor que aquela que medeia entre um ser humano terrestre e um Cristo divino.

Para apresentar-se visível e tangível na superfície da crosta terráquea, teve o Cristo planetário de aceitar voluntariamente intraduzível tortura cósmica, indizível e imensa, ainda que quase de todo inabordável ao entendimento humano. Primeiro, obrigou-se à necessidade de abdicar, por espaço de tempo que para nós seria longuíssimo, da sua normal ilimitação de Espírito cósmico e ao seu trono no Sol, sede do Sistema, transferindo-se do centro estelar para a fotosfera, onde lhe foi possível o primeiro e doloroso mergulho na matéria, por meio do revestimento consciente do seu mento-espírito com um tecido energético de fótons. Depois, teve de imergir no próprio bojo do planeta Terra, em cuja ionosfera utilizou vastos potenciais eletromagnéticos para transformar seu manto fotônico em léptons e em quarks formadores de mésons e de bárions, estruturando átomos ionizados. Finalmente, concluindo a dolorosíssima operação de tangibilidade, revestiu esse corpo iônico com delicadíssima túnica molecular, estruturada à base de ectoplasma, combinado com células vegetais, recolhidas principalmente (como já captou a intuição humana) de vinhedos e trigais.

Não é tecnicamente de espantar o que dizemos, bastando lembrar as experiências de materialização da energia radiante, realizadas por Irene Curie e Frédéric Joliot, os quais verificaram que as radiações gama, de elevadíssima frequência, conduzindo fótons de energia superior a um milhão de elétrons-volts, podem desaparecer ou transformar-se em fótons de menor energia, dando surgimento simultaneamente a um elétron positivo e a outro negativo, ao colidirem com o núcleo de um átomo pesado. Tudo absolutamente coerente com o previsto nas teorias da relatividade, no que respeita à inércia da energia. E o oposto também é verdadeiro, como demonstraram as experiências de Jean Thibaud e Frédéric Joliot, pois quando a matéria absorve elétrons positivos, emite fótons de energia praticamente igual ao dobro do número de elétrons positivos incidentes. Certo é que, em razão da inércia da energia, a semelhança entre um fóton e um grão de matéria torna-se evidente, pois os elétrons, os prótons e os nêutrons transportam concentrações de energia de volume perfeitamente definido. A massa de um fóton iguala o quociente de sua energia (constante Planck multiplicada pela frequência) pelo quadrado da velocidade da luz.

    Louis de Broglie provou, em seus estudos de Mecânica ondulatória, que grãos de matéria, em seu movimento, são acompanhados de ondas. Assim, acabou ficando claro e assente não só que a energia radiante se constitui de ondas e corpúsculos, associados de modo indissolúvel mas, por igual, que essa associação também se verificar na matéria. Conhecesse Dirac os dados faltantes ao seu raciocínio, isto é, as realidades do Mundo Espiritual, e já não lhe pareceria tão misterioso o laço que une corpúsculos e ondas. Muito bem se expressou de Broglie, quando escreveu estas palavras dignas de meditação: "Para o ignorante, um raio de luz é algo bem simples e bem banal, mas o cientista pode dizer a si mesmo o contrário: saberíamos muitas coisas se soubéssemos apenas o que é um raio de luz".

\*

    Embora nossas toscas palavras e rudes considerações não possam, de nenhum modo, dar a mais pálida ideia do imensurável sacrifício do Cristo divino para materializar-se entre os homens, convém aqui refletirmos um pouco sobre o que sabe a experiência humana, no campo dos tormentos a que está exposta no mundo a sensibilidade apurada. Já nem queremos insistir no que representa uma redução de radiações gama, de 0,0001 milimícrons de comprimento de onda e frequência da ordem $10^{21}$ por segundo, a radiações percebíveis pelo olho humano, de 0,8 mícrons a 0,4 mícrons de comprimento de onda e frequência de cerca de $5.10^{14}$ por segundo. O que avulta de pronto à nossa assustada percepção é o superlativo massacre de sensibilidade que se evidencia no fato de um ser, não apenas de super--requintada, mas de divina delicadeza sensorial, expor-se ao inferno de baixas, odientas e agressivas vibrações terrestres, para respirar e agir, por inexcedível amor, no clima superlativamente asfixiante de nossas humanas iniquidades.

Em face do muito de sublime já escrito na vasta literatura cristã espírita, sobre a dor moral, em suas variadíssimas expressões, não examinaremos aqui esse primordial e nobilíssimo aspecto do sacrifício messiânico, mas insistiremos em chamar a atenção para a terrível realidade psicofísica do maior de todos os dramas de dor, que foi a materialização crística neste mundo de trevas e maldade; dor real inimaginável, jamais sofrida, na Terra, por qualquer ser vivente, nem antes nem depois do Filho de Maria.

O espectro da dor é temido pelos homens até os limites do pânico. Quem saberá, porém, formar ideia do que possa ser a dor de algum arcanjo? Muitos esquecem que a evolução é, por natureza, aguçadora da sensibilidade; que não só os poderes da percepção, mas igualmente os da sensação, se ampliam e apuram, à medida que o ser ascende na escala evolutiva.

O simples paramécio, mero protozoário ciliado, sente e reage a diferenças de temperatura e de concentração de substâncias químicas. O estigma, orgânulo flagelado, é sensível às variações da luz ambiente. Os metazoários, já possuidores de sistema nervoso, respondem ao calor e ao frio, à pressão e ao tato, a substâncias químicas, à luz e ao som. Todos os animais reagem a estímulos externos, como modificações de umidade, gravidade ou disponibilidade de oxigênio. Para alguns, como determinados répteis, mudanças de temperatura podem ser de consequências vitais. A própria minhoca, que não tem olhos, acusa a presença de uma fonte luminosa. Na escala evolutiva, a capacidade sensorial não cessa de aperfeiçoar-se. Das medusas aos platelmintos, dos nematelmintos aos moluscos, dos protocordados aos vertebrados, o sistema nervoso evolui sempre, até atingir a complexidade que apresenta no organismo humano. Neste, muito além das sensações captadas e transmitidas pelos 12 pares de nervos cranianos, bem sabem os estudiosos do sistema nervoso autônomo quantas e quão importantes são as manifestações psicossomáticas provocadas por transtornos emocionais.

À proporção que a densidade decresce, a sensibilidade se intensifica. No perispírito dos desencarnados, ela é muito maior do que no dos encarnados comuns, porque aqueles lidam com matéria mais rarefeita, mais plástica e, por isso, mais obediente às modelagens mentais. Sendo a literatura espírita riquíssima em esclarecimentos e exemplificações a esse respeito, não se justificaria entrássemos agora em considerações repetitivas, salvo para acrescentar novas anotações. Limitar-nos-emos, portanto, a considerar que o Plano Espiritual imediatamente ligado ao crostal planetário não é senão a outra face deste último e sua continuação natural, em termos de sinalética invertida, ou seja, de antimatéria. Essa conscientização é importante para que se entenda melhor os problemas de ressonância entre os dois planos.

Aos menos afeitos a estudos de Física, informamos que ressonância é, na bem elaborada definição de Horácio Macedo (*Dicionário de Física*. Rio de Janeiro: Nova Fronteira: 1976),

> o fenômeno que ocorre quando um sistema oscilante (mecânico, elétrico, acústico etc.) é excitado por um agente externo periódico com uma frequência idêntica a uma das suas *frequências próprias*. Nestas circunstâncias, há uma transferência fácil de energia da fonte externa para o sistema, cujas oscilações podem ter amplitude muito grande. Se não houver amortecimento, a amplitude pode atingir, em princípio, qualquer valor, por maior que seja; nos casos práticos, o amortecimento a limita (p. 121, 249).

E há também a ressonância magnética, muito mais importante, para cuja definição, em linguagem humana corrente, valemo-nos da redação clara e simples do mesmo autor:

> A transferência de energia de um campo eletromagnético para um sistema atômico ou subatômico, em presença de um campo magnético, pode ocorrer com núcleos ou com elétrons orbitais. [...] Fornecendo-se ao núcleo radiação com certa frequência, na presença do campo magnético, ocorre uma absorção ressonante. Esta absorção ou, como se faz correntemente, a emissão que se lhe segue, pode ser detectada num circuito apropriado e é o que constitui a *ressonância magnética nuclear*.

Fato é que a interação entre os dois planos é tão grande que na realidade são um plano só. A Humanidade, em seu conjunto, constitui uma só grande família e se compõe de encarnados e desencarnados, em proporções que variam conforme as circunstâncias de cada época, todas essas circunstâncias devidamente controladas pela Vontade sábia do Cristo planetário, Governador Espiritual da Terra. Em razão disso, bens e males, progressos e problemas são partilhados entre encarnados e desencarnados, em processo de íntimo e ininterrupto intercâmbio. O campo da cooperação e da inspiração, tanto quanto o das obsessões e do vampirismo, vem a ser, na verdade, um só campo de comunhão vital entre criaturas irmanadas pela natureza e pelo destino. O que realmente varia é sobretudo a conscientização das sensações e a sua essência moral. Encerremos porém, esta rápida digressão, pois o que nos propomos sublinhar aqui é que a condição de desencarnado outorga ao Espírito maiores poderes de sensibilidade consciente, na exata proporção da menor densidade do seu veículo psicossomático e do seu grau evolutivo. Todas essas considerações valem também para os Espíritos encarnados quando em desdobramento sonambúlico e para os desencarnados em processo de materialização na crosta.

Impõe-se-nos a referência a tais situações, por serem tais eventos imensamente mais frequentes do que os homens terrestres costumam supor. Extremamente desatentos a tudo quanto não sejam os seus interesses imediatos e o seu *ego* personalístico, simplesmente não se apercebem de que lidam constantemente com pessoas, imagens e coisas de outro plano, momentaneamente percebidas, muita vez com a ajuda de seus próprios recursos ectoplasmáticos, sem que anotem a realidade e a natureza desses fenômenos, exceto quando, algumas raras vezes, a *estranheza* de certos acontecimentos lhes causa calafrios. Assim é que verdadeiros agêneres são tachados de demônios ou assombrações. Entretanto, os *íncubos* e os *súcubos* da lenda nem sempre são seres imaginários e sim personagens muito reais do grande drama humano.

Há, porém, agêneres e agêneres. Tais seres são, por definição, criaturas fisiologicamente não geradas como o normal dos encarnados. Noutras palavras, seres que se mostram materializados aos olhos humanos, às vezes por longos períodos, que são sempre interrompidos, necessariamente, por variáveis interregnos de tempo. Em casos especiais, a frequência com que aparecem dá uma poderosa impressão de continuidade.

Existem, contudo, outros seres, muito peculiares, que não são propriamente agêneres, mas que pertencem muito mais ao plano extrafísico do que ao plano que chamamos físico. Trata-se de criaturas sem dúvida humanas, mas cuja ligação biopsicofisiológica com a matéria densa a que chamamos *carne* é a mínima possível. São Espíritos sublimes, de imensa superioridade evolutiva, que só encarnam na Terra em raras e altíssimas missões, de singularíssima importância para a evolução da Humanidade. O maior desses Espíritos foi a Mãe Maria de Nazaré, a Virgem excelsa, Rainha dos Anjos, cuja presença material, na crosta terráquea, foi indispensável para a materialização do Messias divino entre os homens. Coube a ela fornecer ao Mestre a base ectoplasmática necessária à sua tangibilização, servindo ainda de ponto de referência e de equilíbrio de todos os processos espirituais, eletromagnéticos e quimiofísicos que possibilitaram, neste orbe, a Presença crística. Tudo o que o Senhor Jesus sentiu, na sua jornada messiânica, repercutiu diretamente nela, na Santa das Santas, na augusta Senhora do Mundo. Estrela Divina do universo das grandes Almas, também ela teve de peregrinar do paraíso excelso de sua felicidade para o nosso vale de lágrimas, a fim de ajudar e servir a uma Humanidade paupérrima de espiritualidade, da qual se fez, para sempre, a grande Mãe, a grande Advogada e a grande Protetora.

\*

Consideremos agora um fato de magna importância. Materializações se verificam nos mais diversos níveis e nos mais variados graus. E são normalmente parciais, em maior ou menor escala. Há materializações de luzes, de sons, de formas, de objetos, de partes de corpos perispirituais. Materializações integrais de psicossomas dificilmente ocorrem, exceto nos níveis mais baixos da evolução. Mesmo nestes últimos casos, não são também integrais, no sentido mais rigoroso do termo, porque as entidades que nesse nível se tangibilizam têm sempre deformados e até necrosados importantes centros de sensibilidade, especialmente no tocante à consciência. São mutilados do Espírito e, quase sempre, aleijados da mente e da forma, longe da completidão mento-física de si mesmos.

O Cristo Jesus, Senhor da Verdade e da Inteireza, foi o único Espírito absolutamente completo, com todas as suas faculdades plenamente desenvolvidas e em perfeito funcionamento, que se materializou totalmente na Terra, assumindo por inteiro a biologia e a morfologia de um homem, com tudo o que compõe um organismo humano, sem faltar absolutamente nada, personificando o modelo físico e espiritual, perfeito por excelência, do *Homo sapiens*, na futura e mais elevada conformação biomentofísica que atingirá quando chegar ao seu mais alto grau de evolução terrestre. Foi por essa razão que Jesus se intitulou, com a mais plena verdade e a mais inteira justiça, o *Filho do Homem*. Não o fez por mera força de expressão; disse uma soleníssima verdade, da mais extraordinária significação, pois como Homem Ideal, perfeito e íntegro, ninguém teve, como ele, neste mundo, todos os sentidos funcionando em grau máximo. Sua percepção, mesmo se quiséssemos vê-la do exclusivo ponto de vista da organização psicossomática humana, atingiu o mais alto nível, que outro ser humano, ou de aparência humana, jamais conseguiu.

Teve, portanto, sobradas razões para exclamar, como registrou o evangelista Marcos (9:19): "Ó geração incrédula e perversa, até quando me fareis sofrer?". O sofrimento experimentado por Jesus, na preparação e no decurso de seu messianato, não teve, não tem e não terá similar, de qualquer ângulo que seja analisado, inclusive no que concerne à dor física, tal como a entendemos, em vista da sua inigualável sensibilidade orgânica.

Completamente irreal e terrivelmente injusto é, pois, o argumento de embuste, largamente usado pelos que não compreendem a absoluta impossibilidade da encarnação comum de um ser crístico e só conseguem ver uma grosseira pantomima na capacidade de sofrer de um agênere. A verdade, como vemos, é bem outra, incomparavelmente bela, justa, santa, lógica e real; a realidade do sublime amor daquele que é, de fato, o Caminho, a Verdade e a Vida.

## 8
## O DIVINO LEGADO

    Apesar do efetivo apreço e da confessada admiração que votamos à inteligência humana, somos compelidos a reconhecer que ela ainda não dispõe de capacidade suficiente para bem avaliar a divina grandeza do Espírito crístico de Jesus. Isso talvez explique por que tantos intelectuais ilustres tentaram e tentam minimizar o significado do Evangelho no contexto da evolução planetária, embora nenhum jamais tenha ousado negar-lhe a inigualável expressão moral e a profunda influência na História dos povos. Buscam, porém, ignorar-lhe a inapreciável contribuição nos campos da Ciência, da Filosofia e do Direito, procurando limitá-lo às dimensões de apenas uma religião, dentre as demais religiões humanas. É, porém, chegada a hora de se aferir melhor a realidade dos fatos, para que a Verdade e a Justiça prevaleçam, no interesse da Humanidade.

    Antes de avançarmos outras considerações, reputamos de magna importância ressaltar aqui a extrema simplicidade, a completa humildade, a pobreza, o desatavio e a singeleza com que Jesus marcou, de modo iludível e indelével, a sua presença e o seu messianato neste mundo. Ele não teve sequer onde reclinar a cabeça. Nada possuiu de material, nenhuma propriedade, nenhum dinheiro, nenhum bem. Cercou-se da gente mais inculta de um povo social e politicamente subjugado.

Reuniu em torno de si amigos rudes e iletrados da região mais pobre do Império Romano. Falou sempre na linguagem mais simples que alguém jamais usou e, sem nada ter escrito com as suas próprias mãos, tudo deixou registrado no coração e na memória dos que lhe ouviram a palavra e testemunharam o exemplo. Peregrino paupérrimo, sem bolsa nem cajado, título ou dinheiro, jamais ocupou qualquer cátedra, nunca teve a mínima parcela de poder mundano, não possuiu qualquer diploma de escolaridade, foi coroado apenas com espinhos, publicamente açoitado como se fosse um bandido e finalmente pregado numa cruz infamante, como se fosse um ladrão. Foi assim se apresentando e assim agindo que dividiu as eras terrestres em antes e depois d'Ele, como ninguém jamais o fez, permanecendo para sempre como a maior presença, o mais alto marco, a mais elevada e imorredoura expressão de toda a História humana, em todas as épocas do mundo.

Como conseguiu isso? Convidamos os intelectuais do mundo inteiro a considerar seriamente esta questão: como foi que Ele o conseguiu? Por que quanto mais o tempo passa, mais é lembrado, mais é amado, mais fortemente se faz o centro vivo de todas as civilizações, de todas as controvérsias filosóficas, de todas as discussões religiosas? Como seu nome e seus ensinos, ao invés de morrerem na pobre Palestina, se firmaram em todo o Império Romano, depois em todo o Ocidente e já agora em todas as regiões do nosso mundo? Que Homem foi esse, que disse e que fez, para produzir tão indescritível e permanente comoção, cada vez maior, mais consequente, profunda e irresistível? Não é verdade que se pudéssemos somar todos os grandes gênios, todos os grandes santos e todos os grandes guerreiros, a todos os estadistas, reis, poetas, músicos, cientistas e filósofos, toda essa majestosa plêiade representaria pálida legião de glória e poder, se fosse confrontada com o poder e a glória do Cristo Jesus, a quem o próprio tempo, que a tudo o mais destrói, só acrescenta honras divinas?

Não será que o Cristo cresce, a cada dia, diante dos olhos e do coração dos homens, exatamente porque só a pouco e pouco, à medida que os homens evoluem, vão podendo melhor entendê-lo e melhor senti-lo? Sim, irmãos em Humanidade! É isso o que acontece! Somente à medida que vamos crescendo em inteligência, em dignidade moral, em pureza de sentimentos, em experiência da vida, em ciência e em técnica, vamos podendo, vagarosa, mas efetivamente, ir compreendendo melhor, e melhor sentindo o Espírito e a Mensagem do Cristo divino! Tão imensos são o poder e a sabedoria d'Ele, tão indizível o seu amor, que Ele pôde produzir esse sublime milagre de nos revelar, sem ofuscar-nos, verdades eternas, de incontáveis faces, dosando-as de tal modo e com tanta propriedade, que pudessem ir sendo por nós compreendidas e assimiladas, sem pressa, sem traumas, sem imposições, sem inconvenientes, ofertando-nos um legado inesgotável de sabedoria e de amor, capaz de alimentar-nos e de enriquecer-nos para sempre!

Quantas verdades transcendentes e desconhecidas nos foram reveladas por Jesus e registradas no seu Evangelho divino! Até que a palavra amorosa e sábia do Mestre nos esclarecesse, que ideia fazíamos de nós mesmos? Na pobreza de nossa imaginação, não passávamos de seres criados ao acaso dos caprichos de deuses indiferentes e cruéis, cuja benevolência precisávamos conquistar com sacrifícios e oferendas servis e cujas cóleras quase nunca se aplacavam senão diante do sangue inocente de nossos próprios filhos, que éramos constrangidos a imolar-lhes! Libertando-nos definitivamente desse aviltante servilismo e elevando-nos à incomparável condição de príncipes dos Universos, Jesus nos revelou a amorosa paternidade do Deus eterno e único, conscientizou-nos de sua onipotente bondade, de sua misericordiosa e infalível justiça, de sua presença onímoda e perene, ensinando-nos a elevar até Ele a força do nosso pensamento e a confiar com filial devoção na sua infatigável Providência!

Honrando-nos o entendimento, disse-nos, antes de qualquer outro, que na Casa do Pai há muitas moradas, que a vida estua pelo infinito dos espaços, que multidões incontáveis de palácios siderais abrigam radiosas Humanidades, que o Pai não cessa de trabalhar, de criar, de expandir e sublimar as bênçãos supremas da vida. Retificando velhos conceitos errôneos, filiados à nossa ancestral ignorância, convidou-nos a compreender que Deus dá a cada um segundo as suas obras, de perfeito acordo com a Lei de Causa e Efeito, estabelecendo em novas bases as nossas concepções de justiça. Falou-nos com clareza da lei das reencarnações, dos imperativos da evolução incessante, da indispensabilidade do esforço próprio, do mérito pessoal, para o progresso sem-fim.

Somente uma inacreditável cegueira de entendimento poderá recusar-se a reconhecer como contribuição legítima ao progresso da Ciência a revelação de verdades científicas por ela ainda ignoradas, como a pluralidade dos mundos habitados; a lei das reencarnações; a Lei de Causa e Efeito como base da soberana justiça; a paternidade universal de Deus, que desautoriza a teoria da geração espontânea; a lei de intercomunicação entre os Planos Espirituais da vida, que consagra a cientificidade dos fenômenos mediúnicos e a lei das compensações de valores, segundo a qual o amor cobre a multidão dos pecados.

Curiosamente, a Ciência, como tal oficialmente considerada, gastou dois mil anos para admitir, com grande timidez, a remota possibilidade de cada uma dessas verdades elementares e fundamentais, e ainda não conseguiu incorporar nenhuma delas ao seu acervo de conhecimentos definitivos, por absoluta falta de condições técnicas para as comprovações necessárias!

Quando a lei das reencarnações for finalmente compreendida e aceita pela Ciência, a Psicologia e a Psicanálise alcançarão níveis excepcionais de progresso. A Psiquiatria atuará com muito maior segurança e eficácia quando puder entender os ascendentes e os mecanismos da fenomenologia medianímica. A Parapsicologia encontrará caminhos ilimitados de desenvolvimento quando incorporar aos seus princípios a certeza da imortalidade e as técnicas de intercomunicação dos Espíritos.

No dia em que a Medicina conseguir detectar na mente o fulcro causal e o núcleo controlador de todas as atividades e ocorrências biopsicofísicas, poderá inaugurar Nova Era para a saúde e o bem-estar dos povos; e por meio da terapêutica de eliminação do ódio e da cupidez, do orgulho e da intemperança, provará que Jesus estava certo quando garantiu a posse da Terra aos mansos de coração.

No futuro, a Medicina espírita, bem servida pela Física das radiações e pela Química dos fluidos, saberá utilizar os poderes anímicos e as forças da Natureza para, como fazia o Médico Divino, interromper o sono cataléptico, libertar possessos e obsidiados, curar paralíticos e cegos, limpar leprosos, devolver a audição aos surdos e a luz da paz aos desesperançados.

A Sociologia e a Política, iluminadas pelo Evangelho, deixarão de perder-se no labirinto de complicadas teorizações inconcludentes e no abismo de dolorosas experiências de força, porque resolverão, com a simples aplicação da Lei do Amor, os aflitivos problemas sociais da infância abandonada, da velhice desprotegida, do racismo opressor, do pauperismo das massas, dos ódios de castas e de classes, da exploração econômica de grupos, da prostituição, do desemprego, do vício organizado, das violências oficializadas e das leis iníquas.

A Filosofia, por sua vez, não pode queixar-se senão de si mesma, por não ter conseguido assimilar, até agora, as mais substanciais lições do excelso Mestre. Se são ainda tão precários os conceitos filosóficos de Ética, é porque os homens de pensamento não adquiriram bastante luz espiritual para realmente compreender a Divina Moral de Jesus, integral e eterna, definitiva e abrangente. Em termos substanciais, a Moral não é relativa, não é mutável em função dos costumes, das culturas e das épocas. Um dia, os cultores da Filosofia entenderão que a Moral evangélica é padrão eterno, ao qual as outras formas transitórias de Moral menor terão afinal de ajustar-se, porque as diferenciações evolutivas, na dinâmica do progresso, não traduzem senão valores provisórios que não se podem confundir com os módulos estáveis do valor maior, definitivo e supremo.

Como mudarão os conceitos de Estética, quando o Bem for, no mundo, o soberano e único modelo de arte e de conduta! Decerto cessarão as aberrações e as monstruosidades que se impingem desgraçadamente como formas consideradas hábeis de beleza, e que não passam de tenebrosas expressões de distorção mental e de grosseira deturpação da sensibilidade.

Talvez seja, porém, nos domínios da Lógica que a maior revolução terá lugar, na era nova do Evangelho aplicado, porque o pensamento regenerado não mais adotará premissas mentirosas para chegar a falsas conclusões, rotulando tais descalabros com sinetes enganosos de insustentáveis silogismos. Cessará, para felicidade de todos, o vezo infausto de mascarar a verdade e de, por via de contemporizações com o erro, fazer claudicar a justiça. Então, já não mais terão honras de doutrinas filosóficas as concepções negadoras da paternidade de Deus e da dignidade humana, da superioridade do bem e da fraternidade universal, da supremacia do Amor e da soberania da Verdade.

Dignificada e construtiva, a Filosofia não mais se prestará à coonestação de regimes políticos e sociais de ódio e de rapina, ou de movimentos escusos e perversos de subversão da Moral e dos costumes. Será, isto sim, a grande propulsora das ideias nobres, alavanca de progresso, incentivadora generosa de sublimes conquistas do pensamento, para mais altos estágios de evolução e de grandeza.

Proclamando a paternidade soberana, única e universal de Deus, Jesus condenou a velha e arraigada instituição da escravatura; definiu a igualdade fundamental dos direitos humanos; igualou a mulher ao homem, libertando-a da pecha milenar de inferioridade biotipológica; reformulou o Direito das obrigações, erigindo-o como árbitro justo de relacionamento entre irmãos iguais; aboliu os juramentos, por desnecessários, afrontosos e sacrílegos, indignos de seres responsáveis e merecedores de fé; eliminou as enraizadas concepções de estado de necessidade, como justificativa para crimes contra o próximo; estabeleceu nova luz para clarear o direito de propriedade, limitando-o exclusivamente ao bem comum, com total exclusão de qualquer egoísmo de posse.

Como o Direito humano está ainda longe desses princípios divinos de legítima fraternidade e verdadeira justiça! Quantos dolorosos conflitos, quantas difíceis provações, quanta dor e quantas lágrimas ainda terão de acicatar o sentimento e a inteligência dos homens, para que eles finalmente entendam e aceitem as diretrizes evangélicas como normas ideais para suas instituições, a fim de terem alegria e paz em suas vidas! Até lá, a sabedoria do Mestre continuará parecendo aos doutos juristas do mundo alguma coisa lírica e irreal, fantasiosa e inaplicável...

Enquanto, porém, houver sobre a face da Terra pobres e famintos, gente que chora e almas sem misericórdia, a palavra de Jesus não cessará de ecoar nas eternas Bem-aventuranças! Por mais que demore, os princípios da força serão substituídos, no mundo, pelos da misericórdia, e os mandamentos da astúcia pelos da verdadeira justiça. Nesse dia, acima do Direito público e do Direito privado, do Direito de sociedade e do Direito de família, estará o Direito divino do Amor universal e eterno, a reger a vida humana para o entendimento e a felicidade.

Então, a religião não será mais objeto de exploração entre os seres humanos, nem instrumento de poder político ou de exacerbação de vaidades sociais. As preces, sentidas e sinceras, não serão comercializadas e os maiores dentre os irmãos serão invariavelmente os servidores de todos.

O Divino Legado de Jesus, que a humanidade terrena ainda não quis aceitar e não pôde receber, é o de um mundo feliz, de paz e amor, sem injustiças, sem opróbrios, sem miséria, sem orfandade, sem crimes e sem ódios, sem fratricídios e sem guerras, onde todos, solidários e progressistas, criarão a Beleza, desenvolverão a Ciência e as artes, a Filosofia e a Técnica, com trabalho digno e repouso honesto, na nobreza do lar e na administração operosa e esclarecida.

# 9
## DEPOIS DO CRISTO

Como escreveu o Evangelista, Jesus veio para o que era seu, mas os seus não o receberam. Sua Mãe teve de deitá-lo numa manjedoura, porque não havia lugar para Ele na hospedaria de Belém. O governante da Galileia não vacilou em sacrificar toda uma geração de crianças, no intuito declarado de matá-lo. Na sua cidade de Nazaré, foi rejeitado pela sua gente. Os chefes de sua nação não se cansaram de lhe armar ciladas e provocações. Traído e caluniado, acabaram por lhe infligir prisão, abandono e suplícios, para afinal condená-lo e lhe dar morte humilhante. Sua Doutrina de Amor e Paz foi ferozmente combatida, seus discípulos foram perseguidos, proscritos, atormentados e mortos.

A Luz Divina, porém, não seria derrotada. O Cristianismo a tudo resistiu, fortaleceu-se e espraiou-se com a rapidez de um raio. Depressa chegou a Roma, a toda a Ásia Menor, à Grécia, às Gálias e à África do Norte. Os textos evangélicos foram redigidos, a missão de Paulo universalizou os ensinos doutrinários, João recebeu e divulgou o *Apocalipse*...

Soara a grande hora do advento da Civilização Cristã no mundo, com amplo aproveitamento da formidável infraestrutura político-social do Império Romano. Embriagada, porém, de sangue e de prazer, de ouro e de ódio, de intolerância e de orgulho, Roma assumiu a infeliz posição de cruel perseguidora de Jesus. Sob Nero, os cristãos são espezinhados, torturados, entregues às feras e queimados nas praças. A árvore do mal começa então a dar os seus frutos de treva. O templo de Jerusalém é destruído pelos soldados de Flávio Sabino Vespasiano; os judeus são dispersos pelo mundo; os chineses submetem a Ásia, até o Golfo Pérsico; o Vesúvio em erupção arrasa Herculano e Pompeia; hordas germanas invadem destruidoramente a Península Itálica; Artaxerxes vence os partas e funda o Império Neopersa. Nas hostes romanas, instalou-se a anarquia militar, cuja assustadora progressão levou Diocleciano a aceitar a divisão do Império Romano em Império do Oriente e Império do Ocidente (este último sob o poder de Maximiano) e a criar um sistema tetrárquico de governo, com dois césares (Galério e Constâncio) associados aos dois imperadores, de quem foram declarados sucessores.

Das terríveis lutas pelo poder, que a isso se seguiram, resultou a aliança de Valério Lacínio (sucessor de Galério) com Constantino (sucessor de Constâncio), que derrotou Maximiano e venceu seu filho Maxêncio, morto este último na sangrenta batalha da Ponte Milvius.

Pelo *Edito de Milão*, os dois imperadores (Licínio, do Oriente, e Constantino, do Ocidente) asseguraram[11] aos cristãos a sonhada liberdade de culto, levada mais tarde

---

[11] Nota do autor: Em 325, Constantino afastaria Licínio e reunificaria o Império.

a extremos pelo imperador Teodósio que, em 381, tornou o Cristianismo religião oficial do Império e proibiu os demais cultos em todos os territórios romanos. Desse conúbio entre os interesses do Império e da Igreja nasceu o Catolicismo, cujo voraz apetite de riqueza e de poder e cujos pomposos rituais, refertos de ostentação e de paganismo, deturparam a simplicidade do Evangelho e traíram a mensagem sublimal do Cristo. Quando esse trevoso processo de desfiguração do Cristianismo atingiu o auge, o Poder celeste, depois de esperar 400 anos, decidiu pôr um fim definitivo à glória e à força da poderosa Roma Imperial.

Godos, francos, suevos, saxões, álanos, anglos, vândalos e burgúndios começaram a pilhar os territórios romanos. Tangidos pelos hunos, que flagelavam as Gálias, os visigodos invadiram vastas áreas orientais do Império, devastaram extensas regiões da Grécia e da Itália e, em 410, saquearam a própria cidade de Roma. Em 455 foi a vez dos vândalos pilharem a grande e já então infeliz metrópole, cujo Império acabou por ruir fragorosamente em 476, quando o hérulo Odoacro depôs Rômulo Augústulo, o último Imperador romano do Ocidente. Iniciava-se então a Idade Média.

Ante a falência do Império Romano e da Igreja Católica, as Potências do Céu decidiram que a Civilização Ocidental devia ser reconstruída. No esforço de preparar o advento de uma Nova Era, grandes missionários de Jesus foram enviados à Terra, para regenerar o Cristianismo e reavivar a chama sagrada da fé. Dois dentre esses missionários eram elevadas expressões de capacidade realizadora, que efetivamente se destacaram pela sua ação, de largas consequências. Referimo-nos ao grande Bento, nascido em Nursia, em fins do século V, cuja Ordem conseguiu conquistar para o Cristo grande número de bárbaros, principalmente entre os germanos; e o árabe Maomé, nascido em Meca, no ano 570. Infelizmente, o Profeta do Islã não conseguiu vencer as tentações do poder humano e, falhando nos sagrados compromissos assumidos para com o Cristo, deixou no mundo uma doutrina cuja violência e intolerância levariam os árabes a tentar, pela força, o domínio do mundo.

Enquanto isso, e ao fim de intensas lutas, os invasores bárbaros se estabeleceram definitivamente nas terras do extinto Império Romano do Ocidente. Os lombardos instalaram-se na Península Itálica; os anglos e os saxões dominaram a Grã-Bretanha; os francos, após vencerem os borgúndios, se apossaram da Gália. Com o tempo, todos esses povos acabaram por aderir ao Cristianismo, a começar pelos francos, cujo rei, Clóvis, casado com a princesa cristã Clotilde, prometeu abraçar a Religião cristã se vencesse, em 496, os alamanos, e foi solenemente batizado por D. Remígio, o bispo de Reims. Sob Clóvis, fundador da dinastia dos Merovíngios, a antiga Gália passou a chamar-se França.

Nomeado pelo próprio Maomé, seu genro, supremo chefe religioso, político e militar dos muçulmanos, Abu-Bekr iniciou, com o auxílio do grande general Ornar, de Otmã, Ali e Mohaviah, a *Guerra Santa* contra os *infiéis*. Revelando extraordinária combatividade e grande perícia guerreira, os islamitas obtiveram, de imediato, êxitos marcantes. Antes do ano 700, já dominavam todo o litoral norte-africano e, em 711, sob o comando do General

Tariq Ibn Ziyad, atravessaram o Estreito de Gibraltar, conquistaram quase toda a Ibéria e, se não fosse a vitória de Carlos Martel, em 732, na Batalha de Poitiers, teriam também submetido a França. O Império Árabe chegou a ser tão grande que, além da Arábia, abrangia toda a Síria, a Mesopotâmia, a Pérsia, parte do norte da Índia, ilhas do Oceano Índico, a Armênia, o Turquestão, o Egito, a África do Norte e quase toda a Espanha.

Como a incapacidade e a indolência houvessem passado a caracterizar, desde muito, os descendentes de Clóvis, estes acabaram perdendo o trono para o filho de Carlos Martel, Pepino, o Breve, cujo sucessor, Carlos Magno, se dedicou a criar na Europa um grande império cristão. Depois de conquistar quase todos os territórios que integram atualmente a França, as Alemanhas, a Áustria, a Hungria, a Tchecoslováquia e a Itália, recebeu das mãos do papa Leão III, no Natal do ano 800, a coroa e o título de Imperador do Ocidente.

Esboça-se então, como por encanto, a revivescência do antigo Império Romano, com a perspectiva de ser alcançada a unidade político-administrativa da Eurásia e do consequente estabelecimento de um só governo central. Essa expectativa, porém, durou bem pouco, porque com a desencarnação do imperador Luís, sucessor de Carlos Magno, o *Tratado de Verdun*, celebrado em 843, efetuou o desmembramento do Império. Luís, o Germânico, ficou com a Alemanha; Carlos, o Calvo, com a França; Lotário, com a Lotaríngia, que abrangia, entre outras, as regiões que constituem hodiernamente a Holanda, a Suíça, quase toda a Itália e a região da Alsácia-Lorena.

Abrimos aqui um rápido parêntese para lembrar que os povos gregos, a quem tanto deve a Humanidade; os latinos, que organizaram o Império Romano; os celtas; os eslavos e os germanos eram, todos eles, povos formados por aqueles mesmos Espíritos que, partindo da Ásia, em tempos remotos, na alvorada das civilizações terrestres, atravessaram os planaltos pérsicos e se espalharam do Báltico ao Mediterrâneo. De todos os exilados de Capela, eram eles os mais revoltados e os menos afeitos à religiosidade, mas eram também os menos preconceituosos e os mais abertos à confraternização com os *filhos da Terra*, que por aqui encontraram. Eles criaram as bases democráticas da organização política dos povos ocidentais; sistematizaram a Agricultura, o pastoreio e o Comércio e, com a sua inteligência inquieta e fecunda, lançaram os fundamentos da Ciência e a fizeram evoluir até as magnificências de hoje em dia.

Voltemos, porém, a considerar a situação reinante no mundo. No fim do século IX, a Civilização Khmer conheceu a sua idade de ouro. Com capital em Ankor, dominava as vastas regiões onde hoje se situam o Laos, o Camboja, a Tailândia e o sul do Vietnam. No século X, a Lorena foi anexada à Alemanha e Henrique-o-Passarinheiro fundou o Império Germânico. Córdoba, sob o califado de Abdu-al--Rahman II, tornou-se o centro da cultura árabe na Europa. Na China, Taitsu fundou a dinastia Sung, que governaria até 1279. Foi inventada a pólvora. Oto I, o Grande, fundou, em 962, o Sacro Império Romano-Germânico, que unia a Itália à Alemanha.

No século XI, Canuto II, da Dinamarca, tornou--se Rei da Inglaterra e da Noruega. Henrique III, do

Sacro-Império, dominou a Hungria, a Polônia e a Boêmia. Em 1034, deu-se o Cisma de Miguel Cerulário, Patriarca de Constantinopla, que resultou na separação das Igrejas Bizantina e Romana, que reciprocamente se excomungaram. Em 1066, os normandos conquistaram a Inglaterra e, em 1085, Alfonso VI tomou Toledo e começou a expulsar os árabes da Espanha.

Reconhecendo que a Igreja de Roma havia-se tornado o mais importante centro de poder político do mundo, as Potências celestes empreenderam, mais uma vez, considerável esforço para promover a regeneração de suas estruturas, àquela altura profundamente corroídas por todos os tipos de descalabro moral e de mercantilismo simoníaco. Para esse fim, as Forças do Bem utilizaram o que restava de dignidade na Ordem Beneditina, que recebeu então o apreciável reforço de numerosos Espíritos, encarnados para a tarefa específica de fazer dela poderoso fulcro de restauração do verdadeiro Cristianismo. É nesse contexto que se inserem, dentre as nobres missões por muitos desempenhadas, a do papa Gregório VII, cujos méritos e cuja grandeza espiritual superam todos os aspectos menos felizes de sua atuação humana, ao longo de um pontificado que se desenvolveu de 1073 a 1085.

Nessa época, os guerreiros turcos se haviam apossado de Jerusalém e de toda a Palestina, maltratando os peregrinos cristãos que os árabes sempre haviam recebido sem problemas na *Terra Santa*. Pedro, o Eremita, reagindo àqueles maltratos, que ele próprio havia experimentado, começou a percorrer a Europa, pregando a guerra contra os infiéis. Sensibilizado pelo clamor de revoltadas multidões de católicos, o papa Urbano II convocou grande concílio em Clermond-Ferrand e sancionou, com a sua pontifical autoridade, a organização de expedições militares contra os islamitas. Era o começo das Cruzadas, de tão assinaladas consequências na História dos povos.

Após a primeira e desastrada expedição, chefiada pelo próprio Eremita, quatro grandes grupos armados reuniram-se em Constantinopla, em 1096, e rumaram para os Lugares Santos. A maior parte dos expedicionários nunca chegou ao seu destino, porque numerosos fidalgos, tirando proveito pessoal das vitórias que iam obtendo pelo caminho, preferiram dedicar-se a conquistar para si mesmos terras férteis e ricas que encontravam. Ainda assim, o aguerrido exército que, sob o comando de Godefroy de Bouillon, vencera Niceia e Antioquia, apoderou-se de Jerusalém.

Valendo-se, porém, das desgastantes disputas que travaram entre si os conquistadores cristãos, os muçulmanos recuperaram, em 1147, a cidade de Edessa e ameaçaram apoderar-se de novo dos demais territórios que haviam perdido. Diante disso, o papa Eugênio III promoveu nova Cruzada, sob as ordens de Conrado III, da Alemanha, e de Luís VII, da França, que durou de 1147 a 1149 e redundou em tão grande fracasso militar que, poucos anos depois, em 1187, o grande sultão Saladino reconquistou Jerusalém.

Reagindo a esse desastre, os três mais poderosos soberanos católicos da Europa — Ricardo Coração de Leão, da Inglaterra; Frederico Barbarroxa, da Alemanha; e Filipe Augusto, da França; decidiram lançar-se a uma terceira

Cruzada contra os maometanos mas, desunidos pelo orgulho e incapazes de somar as próprias forças, resolveram enfrentar separadamente as hostes de Saladino, que os venceu um a um. Frederico Barbarroxa morreu ao tentar a travessia duma corredeira. Ricardo Coração de Leão, aprisionado por seu inimigo Leopoldo, da Áustria, amargou exílio e prisão por longos anos.

A quarta Cruzada desviou-se inteiramente de suas finalidades. Ao invés de combater os muçulmanos, apoderou-se, em 1204, do Império Romano do Oriente, em cujo lugar estabeleceu o Império Latino, sob a égide de reis de ascendência francesa. Logo, porém, em 1262, uma revolta restabeleceu o antigo Império Romano do Oriente.

Houve ainda uma quinta, uma sexta, uma sétima e uma oitava Cruzadas, que terminaram, todas elas, em ruidosos fracassos. As duas últimas foram levadas a efeito por Luís IX, da França, que na sétima foi aprisionado pelos turcos e depois libertado mediante pagamento de pesado resgate. No início da oitava, o Rei desencarnou, em Túnis, vítima de epidemia.

Consagrando a violência como arma da fé, em absoluto desacordo com o espírito do vero Cristianismo, as Cruzadas não atingiram os fins a que se propuseram e resultaram em completo desastre militar. Apesar disso, a Sabedoria celeste aproveitou ao máximo, em favor da Humanidade, o que esses grandes movimentos bélicos foram capazes de criar de bom. Se recordarmos rapidamente qual era a situação da Europa no início do século IX, logo nos daremos conta de que a política de Carlos Magno havia instituído as bases do feudalismo medieval, ao confirmar no poder os seus vassalos, mas lhes impondo a sua imperial autoridade por meio dos famosos *enviados do senhor*.

Os sucessores do grande Imperador não tinham, porém, nem de longe, o seu talento, nem a sua força e, morto ele, os fidalgos, que mais não eram do que chefes guerreiros (ou os seus herdeiros) travestidos de nobres, embora respeitassem, por conveniência própria, as hierarquias formais do poder, passaram a governar os seus feudos como senhores incontestados e absolutos. Despóticos e preguiçosos, completamente despreocupados de seus povos e sem qualquer compromisso com o progresso, seu imobilismo administrativo resultou, a curto prazo, na mais desoladora estagnação da economia, na ociosidade generalizada, na ignorância e no pauperismo das massas.

O contato dos cruzados com o luxo e o conforto dos potentados muçulmanos despertou nos europeus um novo e forte desejo de regalos que dantes ignoravam e que custavam fortunas só adquiríveis por meio do trabalho produtivo e fecundo. Foi assim que, para conseguir açúcar, cravo, baunilha, pimenta, canela, sofás, almofadas e divas, sedas e tapetes, aqueles fidalgos, antes ociosos, voltaram aos seus domínios com novas disposições, sem dúvida egoístas, mas que devolveram aos povos europeus a bênção do trabalho e, com ela, considerável melhora nas condições de vida das populações, amplamente beneficiadas pelo vigoroso crescimento da indústria e do comércio.

Ao lado disso, os cruzados também trouxeram para a Europa muitos livros esquecidos ou desconhecidos no Velho Mundo, até mesmo pelas elites clericais; livros que os árabes haviam traduzido dos gregos, e outros que eles próprios haviam produzido, versando sobre Astronomia, Medicina, Geografia e Matemática. Para que se possa medir, de algum modo, a importância disso, deve-se compreender que, sem esse trabalho dos árabes, descoberto e aproveitado pelos europeus, provavelmente não houvessem surgido, nos séculos XIII e XIV, as primeiras universidades europeias, que tão esplêndidos serviços iriam prestar à Humanidade; e nem houvessem surgido tão brilhantemente, no firmamento da cultura humana, pensadores como Tomás de Aquino e Rogério Bacon, e poetas do talento de Dante e de Petrarca.

Além desses magnos benefícios, não devemos esquecer que populações inteiras se alforriaram, comprando a própria liberdade a tiranos necessitados de dinheiro. Isso trouxe uma consequência política de extraordinária significação, na medida em que o fortalecimento do poder central dos monarcas abalou definitivamente as bases do feudalismo.

Entretanto, nada disso obscurece a verdade de que o panorama do mundo era tão sombrio, nos inícios do século XI, que, nas regiões mais elevadas do arcabouço planetário, o Colégio Crístico determinou a encarnação em massa de um verdadeiro exército de tarefeiros do bem, para sustentar a chama sagrada do ideal evangélico, ameaçada pela terrível ventania de violência e depravação que varria a Terra. Por isso, enquanto os dignitários da Igreja e os senhores feudais erguiam taças e espadas, em nome de Deus, abnegados penitentes davam, nos mosteiros, nas vilas e nos campos, os mais santos exemplos de piedade e amor cristão. Notabilizaram-se nisso os albigenses e os valdenses, cujo zelo apostolar provocou cruéis perseguições de insensatas autoridades humanas.

Ante tão lamentáveis descalabros e tão profunda deturpação dos ensinos do Divino Mestre, o grande vidente de Patmos ofereceu-se a Jesus para voltar ao mundo, numa veste de carne, a fim de recordar, com o seu exemplo de amor e de pobreza, as lições imortais do Nazareno. Assim foi que nasceu em Assis, em 1182, o seráfico Francisco, cuja pureza e cuja doçura impregnariam para sempre as paisagens itálicas.

A reação das forças negrejantes foi imediata, e já no ano seguinte, 1183, o Concílio de Verona lançava as bases eclesiásticas da Inquisição, que levaria, daí a vinte e três anos, à fundação da Ordem Dominicana dos Irmãos Pregadores. E como as ameaças e as prisões não houvessem bastado para calar a voz dos albigenses, o próprio Pontífice Romano pediu, em 1209, que se organizassem, contra eles, campanhas militares. Mas nesse mesmo ano de 1209, enquanto as primeiras expedições punitivas eram movidas contra os cristãos de Albi, Francisco fundava, na úmbria, a Ordem dos Irmãos Menores, para o exercício da mais completa humildade e da mais absoluta pobreza.

O exemplo dos franciscanos não comoveu, porém, o espírito belicoso dos príncipes e dos clérigos, e três anos após a desencarnação do *Pobrezinho*, as milícias do tenebroso Simão de Monfort perpetraram, contra os albigenses, o massacre de 1229, que os exterminou.

Longe de se satisfazerem com esse sanguinário triunfo, os áulicos do Anticristo trataram de ampliar e consolidar o domínio da Treva sobre as consciências, e dois anos depois, em 1231, o papa Gregório IX organizou o primeiro Tribunal de Inquisição, cujo funcionamento confiou ao zelo dos frades dominicanos.

As Potências do Bem, entretanto, não desanimaram, e outros insignes missionários de Jesus desceram à Terra, criando novos movimentos de regeneração do Cristianismo. Foi pena que, depois da violenta crise que se instalou na Igreja, em 1309, dando lugar ao que ficou conhecido como o *cativeiro de Babilônia*, com a sede do Papado transferida, por Clemente V, para a cidade de Avignon, outra crise maior espocasse na Europa, em 1337, batizada de *Guerra dos Cem Anos*. Não fosse a grande luz projetada por brilhantes Espíritos como Wicleff, Jan Huss, Jerônimo de Praga e Joana d'Arc, talvez nos sentíssemos enfados a dizer que as trevas espirituais dominavam, por inteiro, o Velho Mundo.

Também o Império Romano do Oriente, ou Império Bizantino, que tão valentemente se mantivera até então, prestando assinalados serviços à cultura humana, acabou capitulando para sempre, ante as hordas poderosas do califa Maomé II, que entrou vitoriosamente em Constantinopla no dia 29 de maio de 1453. Naquela data, enquanto Dragases defendia, até morrer, a capital do Império, os frades de Bizâncio, alheios à realidade, travavam discussões acaloradas e estéreis, que passaram à História como *discussões bizantinas*.

Com as fogueiras que queimaram vivos Jan Huss, em 1415; Jerônimo de Praga, em 1416, e Joana d'Arc, em 1431; e com a queda de Constantinopla, em 1453, ruiu o mundo antigo; mas quando Colombo e Cabral, no último decênio do século, chegaram às terras americanas, abrindo a cortina do tempo, surgiram como por encanto, no cenário humano, um mundo novo e uma nova era.

Escreve Emmanuel, em seu precioso livro *A caminho da luz*:

> É então que inúmeros mensageiros de Jesus, sob a sua orientação, iniciam largo trabalho de associação dos espíritos, de acordo com as tendências e afinidades, a fim de formarem as nações do futuro, com a sua personalidade coletiva. À cada uma dessas nacionalidades seria cometida determinada missão no concerto dos povos futuros, segundo as determinações sábias do Cristo, erguendo-se as bases de um mundo novo, depois de tantos e tão continuados desastres da fraqueza humana. Constroem-se os alicerces dos grandes países como a Inglaterra que, em 1258, organiza os Estatutos de Oxford, limitando os poderes de Henrique III, e em 1265 erige a Câmara dos Comuns, onde a burguesia e as classes menos favorecidas têm a palavra com a Câmara dos Lordes. A Itália prepara-se para a sua missão de latinidade. A Alemanha se organiza. A Península Ibérica é imensa oficina de trabalho e a França ensaia os passos definitivos para a sabedoria e para a beleza. A atuação do Mundo Espiritual proporciona à História humana a perfeita caracterização da alma coletiva dos povos. Como os indivíduos, as coletividades também voltam ao mundo pelo caminho da reencarnação. É assim que vamos encontrar antigos fenícios na Espanha e em Portugal, entregando-se de novo às suas predileções pelo mar. Na antiga Lutécia, que se transformou na famosa Paris do Ocidente, vamos achar a alma ateniense nas

suas elevadas indagações filosóficas e científicas, abrindo caminhos claros ao direito dos homens e dos povos. Andemos mais um pouco e acharemos na Prússia o espírito belicoso de Esparta, cuja educação defeituosa e transviada construiu o espírito detestável do pangermanismo na Alemanha da atualidade. Atravessemos a Mancha e deparar-se-nos-á na Grã-Bretanha a edilidade romana, com a sua educação e a sua prudência, retomando de novo as rédeas perdidas do Império Romano, para beneficiar as almas que aguardaram, por tantos séculos, a sua proteção e o seu auxílio (cap. 19).

Surgem, na Europa, a pólvora, a imprensa, o papel, a bússola. Vasco da Gama chega a Calicut, na Índia; Fernão de Magalhães encontra a *passagem para o Oriente*, atingindo, por mar, as Filipinas; e Sebastião Elcano, ao regressar à Espanha, em 1522, prova a redondeza da Terra. De repente, o Velho Mundo, em primavera, se enche de beleza. Pensadores, astrônomos, poetas, físicos, pintores, escultores e matemáticos parecem ter descido à Terra, para nela materializarem alguma coisa do Céu! É o momento radioso de da Vinci e Miguel Ângelo; de Rafael, de Velásquez, de Murilo; de Rubens e Van Dyck; de Bramante e de Rembrandt; de Ariosto, de Tasso, de Rabelais e de Montaigne; de Cervantes e Camões; de Morus e de Erasmo; de Kepler, Galileu e Shakespeare; de Copérnico, Torricelli, Harvey e Leibniz, de Descartes e de Newton...

É também a grande hora de Martinho Lutero, de Teresa de Ávila e João da Cruz; de Zwínglio, de Calvino e de Melanchton; de Servet e João Knox; embora seja também, desgraçadamente, o tempo e a vez de Inácio de

Loyola, de Felipe II, de Leão X, de Paulo III, de Catarina de Médicis e de Las Casas, o bispo escravocrata.

Chega, porém, o século XVII, com os horrores da Guerra dos Trinta Anos, mas os emigrantes do Mayflower desembarcam na América; Pedro, o Grande ocidentaliza, de algum modo, a Rússia; é assinada, na Inglaterra, a *Declaração de direitos*; a independência da Holanda e da Suíça é reconhecida e a França se torna a primeira potência militar da Europa.

Comenta Emmanuel, no livro já citado:

> O século XVIII iniciou-se entre lutas igualmente renovadoras, mas elevados Espíritos da Filosofia e da Ciência, reencarnados particularmente na França, iam combater os erros da sociedade e da política, fazendo soçobrar os princípios do Direito divino, em nome do qual se cometiam todas as barbaridades. Vamos encontrar nessa plêiade de reformadores os vultos veneráveis de Voltaire, Montesquieu, Rousseau, d'Alembert, Diderot, Quesnay. Suas lições generosas repercutem na América do Norte, como em todo o mundo. Entre cintilações do sentimento e do gênio, foram eles os instrumentos ativos do Mundo Espiritual, para regeneração das coletividades terrestres. Historiadores há que, numa característica mania de sensacionalismo, não se pejam de vir a público asseverar que esses Espíritos estudiosos e sábios se encontravam a soldo de Catarina II da Rússia, e dos príncipes da Prússia, contra a integridade da França; mas semelhantes afirmativas representam injúrias caluniosas que apenas afetam os que as proferem, porque foi dos sacrifícios desses corações generosos que se fez a

fagulha divina do pensamento e da liberdade, substância de todas as conquistas sociais de que se orgulham os povos modernos (cap. 21).

A independência dos Estados Unidos da América, proclamada no dia 4 de julho de 1776 e reconhecida pela Inglaterra no dia 3 de setembro de 1783, teve na França profunda repercussão. A *Declaração de Filadélfia* era candente e inspiradora:

> Consideramos como evidentes as seguintes verdades: que todos os homens foram criados iguais; que o Criador lhes conferiu certos direitos inalienáveis, dentre os quais contam-se a vida, a liberdade e a procura da felicidade; que, para assegurar esses direitos, os governos foram instituídos entre os homens, originando-se os seus justos poderes do consentimento dos governados [...].

Quando os *Estados Gerais* se reuniram, por convocação do rei, a instâncias do ministro Necker, os deputados da burguesia propuseram reformas políticas tão radicais, que o rei, partilhando o receio dos nobres, mandou fechar o local das sessões. Desobedecendo à ordem, os deputados proclamaram-se em Assembleia Constituinte. O governo recorreu a mercenários estrangeiros para manter a ordem em Paris, mas a fome do povo, o desemprego, a inconformação com as injustiças sociais e com os privilégios dos nobres e do clero; as novas ideias plantadas pelos enciclopedistas e o exemplo dos norte-americanos; tudo isso — passionalmente ressaltado nos inflamados discursos de Desmoulins — levou a multidão revoltada a invadir a fortaleza da Bastilha, enquanto por todo o país os castelos dos nobres eram incendiados. Estávamos no dia 14 de julho de 1789; era a Revolução Francesa; era o começo da Idade Contemporânea.

Os acontecimentos se precipitaram. Em 1792, a Convenção (conselho eleito pelo povo) proclamou a República. A 21 de janeiro de 1793, Luís XVI foi guilhotinado. O terror, comandado por Robespierre, estabeleceu-se na França.

A guerra contra a Áustria e a Prússia, iniciada em 1792, logo se estendeu a toda uma coligação europeia de nações, mas os exércitos franceses, organizados por Carnot e comandados por Hoche, Moreau e Jourdan, acumulavam vitórias sucessivas. Foi então que um jovem oficial corso começou a ganhar notoriedade, ao reconquistar brilhantemente dos ingleses a cidade fortificada de Toulon. Em breve, seu nome ganharia fama e prestígio, na França e em toda a Europa, pela eficiência do seu comportamento na repressão ao levante monarquista e pela excelente campanha militar que desenvolveu contra os austríacos no norte da Itália. Os triunfos que obteve em Lodi, em Árcolei, em Rívoli e em Castiglioni elevaram Napoleão Bonaparte à categoria de grande guerreiro e herói nacional da França. A *Paz de Campofórmio* foi o resultado incontestável de seu gênio de estrategista. Passando depressa ao Egito conseguiu, junto às Pirâmides, memorável vitória, mas encontrou depois dificuldades muito grandes, que sua astúcia política soube disfarçar com muito êxito, por meio de notícias constantes de fantasiosas conquistas, que fazia espalhar na metrópole distante. Para os franceses, seu nome passou a ser, naturalmente, a radiosa esperança de um governo poderoso e honesto, em substituição aos escândalos administrativos de um Diretório incompetente e corrompido. Aconselhado por Talleyrand, Fouché e Sieyés, e mantendo suas tropas na África, foi incógnito a Paris e lá, agindo com o apoio dos militares e de alguns políticos insatisfeitos e influentes, dissolveu os Conselhos, destituiu o Diretório e, no Dezoito Brumário — 9 de novembro de 1799 —, assumiu o poder, com o título de Primeiro-Cônsul.

Portando-se com extraordinária sagacidade política e sem nenhum escrúpulo humanitário, Bonaparte conseguiu, em pouco tempo, enriquecer a França, às custas da Europa. Prosseguindo sem descanso em sua faina guerreira, impunha sistematicamente aos vencidos tratados de comércio que recheavam as bolsas dos negociantes e produtores franceses. Sua administração deu ao seu povo inegável prosperidade econômica, excelentes estradas e um código comercial modelar. Além disso, sua sensibilidade de estadista devolveu à população, sob a garantia do Estado, plena liberdade de culto, e restabeleceu o calendário cristão, que a Revolução abolira. Tudo isso talvez não justifique, mas provavelmente explicará por que os franceses, que haviam empreendido sangrenta revolução para substituir a monarquia absoluta por uma república igualitária, aplaudiram com entusiasmo a Napoleão Bonaparte, quando ele, depois de tornar-se Cônsul Vitalício, fez o Papa viajar do Vaticano para a França, a fim de o sagrar Imperador.

A verdade é que, deixando-se vencer por ambiciosa vaidade, aquele Espírito de escol não soube realizar a elevada missão de congraçar e liderar os povos europeus, inaugurando Nova Era de confraternização e paz para o mundo inteiro. É certo que o código civil, que deu à França, foi luminoso presente outorgado a toda a Humanidade, por sua feliz contribuição ao progresso do Direito social dos povos; mas a sua sede de absolutismo comprometeu todo o programa que o Plano Superior da Vida tão trabalhosamente montara em favor de todos os homens. Desguarnecido do favor celeste que dolorosamente desmereceu, o grande cabo de guerra teve de amargar a terrível derrota de Trafalgar, a tragédia da campanha militar na Rússia e o golpe final de Waterloo.

Enquanto esses acontecimentos se desdobravam no Velho Mundo, o Novo Mundo se emancipava e organizava. Desde os últimos anos do século XVIII, movimentos de libertação espocavam no continente, liderados por Joaquim José da Silva Xavier, no Brasil; Manuel Belgrano e Mariano Moreno, no Prata; Bernardo O'Higgins, nos Andes; Artigas, Lavalleja e Rivera, na Cisplatina; Hidalgo e Morelos, no México; Toussaint-Louverture e Jacques Dessaline, no Haiti; Miranda, em Nova Granada. A independência política não tardou a coroar os sonhos de liberdade dos centro e sul-americanos, muitos deles liderados pelos extraordinários campeões que foram Bolívar e San Martin. Em menos de dez anos, de 1816 a 1825, emanciparam-se o Haiti (1804), o Paraguai (1813), a Argentina (1816), o Chile (1818), o Brasil, o México e Nova Granada (1822), Guatemala, San Salvador, Honduras, Costa Rica e Nicarágua (1823) e a Bolívia (1825).

O grande Espírito do apóstolo Tomé já estava, a esse tempo, de volta ao mundo, onde reencarnou a 3 de outubro de 1804, com a excelsa missão de codificar o Espiritismo. Ele não vinha só. Como assinala Emmanuel, no livro já citado, fazia-se acompanhar de uma plêiade de companheiros e colaboradores, cuja ação regeneradora não se manifestaria tão somente nos problemas de ordem doutrinária, mas em todos os departamentos da atividade intelectual do século XIX."

E acrescenta:

> A Ciência, nessa época, desfere os voos soberanos que a conduziriam às culminâncias do século XX. O progresso da arte tipográfica consegue interessar todos os núcleos de trabalho humano, fundando-se bibliotecas circulantes, revistas e jornais numerosos. A facilidade de comunicações, com o telégrafo e as vias férreas, estabelece o intercâmbio direto dos povos. A Literatura enche-se de expressões notáveis e imorredouras. O laboratório afasta-se definitivamente da sacristia, intensificando as comodidades da civilização. Constrói-se a pilha de coluna, descobre-se a indução magnética, surgem o telefone e o fonógrafo. Aparecem os primeiros sulcos no campo da radiotelegrafia, encontra-se a análise espectral e a unidade das energias físicas da Natureza. Estuda-se a teoria atômica e a Fisiologia assenta bases definitivas com a anatomia comparada. As artes atestam uma vida nova. A Pintura e a Música denunciam elevado sabor de espiritualidade avançada. A dádiva celestial do intercâmbio entre o mundo visível e o invisível chegou ao planeta nessa onda de claridades

inexprimíveis. Consolador da Humanidade, segundo as promessas do Cristo, o Espiritismo vinha esclarecer os homens, preparando-lhes o coração para o perfeito aproveitamento de tantas riquezas do Céu (cap. 23).

Entrementes, os Estados Unidos da América do Norte dedicavam-se a um vasto programa de expansão territorial, tendo incorporado a Louisiana, o Texas, o Novo México, a Califórnia e o Alasca. Seu progresso era rápido e consistente, mas os problemas internos eram grandes, provocados pelas rivalidades econômicas entre os Estados do Norte, industrializados, e os Estados do Sul, essencialmente agrícolas; e pela questão da escravatura. A crise tornou-se tão aguda que, em 1861, a declaração separatista da Carolina do Sul desatou a Guerra de Secessão, que se prolongaria até que as batalhas de Gettysburg, em 1863, e Appomatox, em 1865, decidiriam a sorte das armas a favor dos federados. Por esse triunfo, que foi, acima de tudo, a vitória da fraternidade e da justiça, pagou com a própria vida o grande Abraão Lincoln, covardemente assassinado pelo fanático Booth.

Também no sul do continente surgiram dificuldades e conflitos sangrentos. O Brasil, o Uruguai e a Argentina se envolveram, de 1851 a 1852, na chamada Guerra de Rosas, e depois, de 1864 a 1870, na Guerra do Paraguai. De 1879 a 1883, a conflagração entre o Chile, o Peru e a Bolívia gerou problemas até agora não de todo solucionados, o mesmo acontecendo, anos mais tarde, quando a Guerra do Chaco pôs em confrontação a Bolívia e o Paraguai.

A derrota de Napoleão havia levado à reorganização da Europa. Sob a influência poderosa de Metternich, o Congresso de Viena, reunido de 1814 a 1815, remarcou fronteiras, restaurou o domínio das famílias reais que a Revolução Francesa e Bonaparte destronaram e deu origem à famigerada Santa Aliança, que tão maus serviços prestou aos ideais democráticos dos povos, e à Confederação Germânica, formada por todos os Estados alemães, exceto o Império Austro-Húngaro.

A França, porém, que tantas dívidas cármicas contraíra, teria de suportar, na conformidade da Lei de Justiça Divina, ou Lei de Causa e Efeito, uma longa e dolorosa instabilidade político-social. Depois de Luís XVIII, Carlos X não conseguiu sustentar-se no trono e fugiu para a Inglaterra, em 1830. Luís Filipe I não teve melhor sorte; incapaz de superar a revolta popular de 1848, teve de abandonar o país, às pressas. O governo socialista que emergiu dessa revolução foi um completo fracasso e deu margem a que fosse eleito Presidente da França o sobrinho do Pequeno Corso, que não demorou a imitar o tio e logo se tornou o imperador Napoleão III. Engajando-se em guerras sucessivas e após importantes vitórias políticas e militares, acabou sendo fragorosamente derrotado pelos prussianos em Reichshofen, Gravelotte, Saint-Privat, Metz e Sedan, onde caiu prisioneiro, no dia 2 de setembro de 1870. Apesar da heroica resistência oferecida, a Terceira República, então proclamada, não logrou evitar a queda de Paris e teve de ceder como troféus de guerra, aos prussianos, a Alsácia e a Lorena, além do pagamento de uma indenização de cinco bilhões de francos-ouro. O rosário de dores estava, porém, longe de completar-se. O Governo Republicano teria a seguir sérias dificuldades; primeiro para dominar a insurreição denominada *Comuna*, que rebentou em Paris; depois para superar a ameaça monarquista dos partidários de Boulanger; além do escândalo do *Caso Dreyfus*. Somente um século depois de Waterloo a França pôde, enfim, respirar aliviada; mas esse alívio duraria muito pouco, pois ela seria logo envolvida no conflito mundial de 1914.

Vivia a França as peripécias que assinalamos, quando o astuto Bismarck, após conduzir com extrema habilidade uma demorada e difícil estratégia de unificação dos Estados alemães, conseguiu, por fim, inclusive às expensas da França, da Dinamarca e da Áustria, fazer proclamar, no palácio de Versalhes, no dia 18 de janeiro de 1871, a fundação do Império Alemão.

Nem só de França e Alemanha vivia, porém, a Europa. Na verdade, a mais próspera de todas as nações era então a Inglaterra, a grande marinheira, a banqueira do mundo; a Inglaterra vitoriana de Gladstone; a Inglaterra Imperial de Disraeli. Ela firmou o seu domínio sobre a Índia; obrigou a China a abrir portos ao comércio com a Europa; fundou colônias na África; estabeleceu domínios na Ásia e na Oceania. Foi ela quem impediu que o Czar da Rússia esmagasse a Turquia; e foi ela que, pelo *Tratado de Berlim*, negociado por Benjamin Disraeli, em 1878, garantiu o reconhecimento da independência das nações balcânicas.

Uma outra grande nação surgiu também no século XIX: a Itália, cuja unificação, preparada por Cavour, foi finalmente terminada por Vítor Manuel II, em 1870.

Ao permitir e incentivar a formação de grandes nacionalidades terrestres, por meio do agrupamento de coletividades espirituais afins, o Cristo divino tinha em mira facilitar a aceleração do progresso humano e promover a divisão do trabalho, na Terra, em favor de um regime de diversificação de capacidades que gerasse uma economia de trocas e de interações culturais, com base na interdependência e na cooperação. Tão logo, porém, cada nação se viu senhora de certos patrimônios, começou a pretender, desavisadamente, o domínio do mundo. A Inglaterra, dona dos mares e de vasto império colonial, permitiu-se sonhar com o monopólio do comércio. A Alemanha, vendo-se possuidora de vastas reservas de carvão e aço, e dispondo de avançada tecnologia industrial, imaginou poder impor, pela força, uma hegemonia incontrastável. A França, orgulhosa de sua cultura e de sua intelectualidade, julgou-se com direito a ser a tutora dos povos. Os Estados Unidos e o Japão, animados com os seus êxitos econômicos, consideraram-se aptos a exercer uma liderança mundial mais efetiva. A Itália e a Rússia não faziam segredo de suas ambições imperialistas. A tal ponto as cobiças se desbordavam, que os preparativos para um grande conflito armado não precisaram mais de disfarces. A França, a Inglaterra e a Rússia celebraram um pacto militar chamado a Tríplice Entente; a Alemanha, a Itália e a Áustria-Hungria formaram, por sua vez, a Tríplice Aliança. Um pretexto aceitável era, pois, somente o que faltava para que o conflito começasse. Quando o Príncipe herdeiro da Áustria-Hungria foi assassinado, a tiros, por um estudante sérvio, na capital da Bósnia, os austríacos exigiram da Sérvia reparações tão humilhantes, que a Rússia ofereceu aos sérvios o seu apoio. Considerando esse apoio uma provocação, a Alemanha declarou guerra à Rússia. Era o dia

28 de julho de 1914 e estava iniciada a Primeira Grande Guerra. Dois dias depois, o conflito já se estendia à França e à Inglaterra. Em pouco tempo, o desforço bélico atingia também a Itália, a Bulgária, a Romênia, Portugal, os Estados Unidos e o Brasil, sem falar no Japão, que só entrou na guerra para apossar-se dos portos alemães no litoral da China e, satisfeito com o saque, retirou-se do conflito.

Corria acesa a guerra, quando ocorreu, na Rússia, a Revolução Socialista, que derrubou a monarquia e pôs no poder Kerensky. Este não se sustentou no governo, que foi tomado pelos comunistas de Lenine e Trotsky. O novo regime apressou-se a firmar a paz com a Alemanha, mesmo ao preço da cessão de vastos territórios, interessado em fechar as fronteiras do país, a fim de remodelá-lo.

Na primavera de 1918, os alemães, em franca ofensiva, estiveram a pique de tomar Paris e vencer a guerra, mas o maciço auxílio chegado dos norte-americanos proporcionou aos aliados recursos materiais suficientes para a resistência e para o contra-ataque dos exércitos do Marechal Foch, que levaram a Alemanha, já exausta, a reconhecer a derrota. O Kaiser Guilherme II fugiu para a Holanda; a Bulgária, a Áustria e a Turquia se renderam e o Armistício foi assinado, no dia 11 de novembro de 1918.

O *Tratado de Versalhes*, firmado no dia 28 de junho de 1919, iria preparar o terreno, desde logo, para uma guerra futura. A Alemanha foi obrigada a devolver à França a Alsácia-Lorena; perdeu todas as suas colônias; teve o seu território cortado pelo famoso Corredor Polonês. Surgiram a Hungria e a Tchecoslováquia. A Sérvia transformou-se na Iugoslávia. Ao lado da Rússia, foram instituídos a

Finlândia, a Estônia, a Letônia e a Lituânia. Além disso, outras sanções foram impostas aos vencidos, pelos Tratados de *Saint-Germain-en-Laye, Neuilly* e *Trianon.*

As grandes injustiças sociais, a fome, a miséria das populações e a propaganda violenta de ideias reformistas e comunizantes acabaram provocando, na Europa, grandes agitações e propiciando o surgimento de grupos exaltados de extremistas. Na Itália, Benito Mussolini, pregando a união absoluta dos patriotas (varas) num poderoso feixe — fascio —, criou o Fascismo, prometendo reformas gerais, restauração moral, prosperidade econômica e um império colonial rico e vasto. Vitorioso em sua Marcha sobre Roma, tornou-se, em 1922, Primeiro-Ministro, mas realmente assumiu de fato o governo ditatorial do país. A título de cumprir suas promessas, o Fascismo instaurou um regime de opressão e violência, colocando sempre os direitos do Estado acima dos direitos dos cidadãos; invadiu e subjugou a Abissínia, em 1936, e ajudou Francisco Franco a tornar-se ditador da Espanha, em 1939. Na Alemanha, Adolfo Hitler, também vitorioso, implantou o Nazismo e, com a morte de Hindenburg, em 1934, enfeixou nas mãos todos os poderes de governo; anexou a Tchecoslováquia e a Áustria e, no dia 1º de setembro de 1939, invadiu a Polônia, iniciando a Segunda Grande Guerra.

Daqui por diante, a História é recente demais, dispensando-nos os registros, mas não podemos deixar de assinalar a eclosão, sob as vistas e os auspícios do Cristo, dos movimentos de libertação que emanciparam politicamente quase todas as nações africanas, preparando-as para significativas missões no próximo milênio.

Como já escrevemos, em página publicada sob assinatura do companheiro que me serve de instrumento de comunicação, paira no ar uma incerteza profunda. Um arrepio de maus presságios vara o misterioso arcano do futuro. Durante séculos a fio a Humanidade acumulou montanhas de ódios, e já a emanação sedimentosa dos pensamentos sombrios e ferozes se aglomera sobre a Terra, em espessas camadas superpostas e ameaçadoras, que lembram cirros virulentos e invisíveis. O monstro da destruição, por ela alimentado com tanta solicitude, rosna sanhudo à sua face, qual áspide principescamente criada para o assassínio traiçoeiro do seu dono.

O vendaval não tarda a desencadear sobre as valas torturadas do orbe a procela furiosa que se alimenta de sangue e que se banha nas lágrimas. Relegado o Evangelho do Cristo, olvidados os seus divinos ensinamentos, ergastulado no cárcere dos dogmas o espírito sublimado da sua Doutrina de Amor, que outra coisa poderia suceder à Humanidade desvairada, senão a completa bancarrota dos seus princípios superiores, esmagados perante o esquife da justiça, apunhalada pelo egoísmo feroz, nos delírios da vaidade e da rapina?

Na orgulhosa presunção da sua trágica cegueira, o homem rejeitou a direção de Jesus, chafurdando-se no mar das experiências dolorosas do desvario e dos crimes. Agora, num crepúsculo agoniado de jornada, treme assustadiço ante os densos novelos de fumaça que sobem do monturo letal dos próprios erros!

Armados até os dentes, espreitam-se os povos, numa estranha dança de malabarismos fatídicos, temendo pela sorte. Os engenhos de destruição engendrados pelo homem ameaçam-lhe a própria sobrevivência e a dura necessidade de paz não consegue suplantar a fantástica miragem da luta de extermínio. Eis o salário da rebeldia humana! Eis o altíssimo preço da ambição!

A tormenta desabará. A Justiça Divina, que dá a cada qual segundo as suas obras, não susterá o automatismo da Lei de Causa e Efeito, que o Espiritismo tão bem define e prega. A sementeira de maldades e ignomínias rebentará num oceano de frutos amargos de prantos e de dores, e o homem aprenderá, por fim, que o Evangelho do Senhor não é um conto de fadas, mas uma Lei da Vida, que ninguém pode violar sem funestas consequências.

Então, raiará para a Terra um Novo Dia. As lições maravilhosas de Jesus, vivificadas e restabelecidas em sua pureza original pela Terceira Revelação, regerão as manifestações do sentimento enobrecido nas forjas da amargura. Uma Nova Aurora despontará, fecunda, para este orbe triste e a aleluia de há dois mil anos ressoará, mais vívida e mais clara, nas quebradas dos nossos alcantis.

O espírito do Bem reinará na alma dos homens.

Cristo vencerá!

# 10
# O CAMINHO PERCORRIDO

Desde que os primeiros homens surgiram sobre a face da Terra, nasceu com eles o sentimento religioso, feito de imenso e amedrontado respeito diante das grandes forças da Natureza, que os fazia sentir-se pequeninos e cheios de temor. Já no primitivo clã totêmico, ensaiam-se os primeiros rituais de homenagem, em face do mistério da morte, e surgem os primeiros tabus, que tendem a conjurar os desafios da vida. Em plena era paleolítica, os despojos humanos eram inumados em grutas, como a de Spy, cobertos de enfeites, protegidos por pedras e com a cabeça voltada para o ponto do horizonte onde nascia o Sol. Revelando inequívoca preocupação com a sobrevivência dos Espíritos, homens pré-históricos deitavam seus mortos na posição dos fetos, para simbolizar-lhes o renascimento para uma vida mais alta, enquanto outros amarravam fortemente os membros dos cadáveres, na tentativa de impedir os defuntos de se erguerem dos seus túmulos para atormentar os vivos. Foi no recinto sombrio dos sepulcros que se esboçaram os primeiros templos, quando naquelas épocas remotas os homens começaram a pintar imagens de deuses nas paredes das cavernas funerárias e a colocar nelas as primeiras esculturas mágicas, como as encontradas na gruta de Tuc d'Audoubert e na de Montespan.

Vendo nas convulsões naturais e na força selvagem dos animais indomados a ação de divindades enfurecidas e poderosas, e crendo-as com as mesmas necessidades e paixões humanas, os homens primitivos, interessados em conciliá-las e em obter-lhes a proteção, procuraram meios e modos de agradá-las, com oferendas e manifestações de apreço e reverência, dando origem às concepções e às práticas do politeísmo. Cultuam então a Terra, o Sol, as Águas, o Fogo, o Vento, a Morte, o Trovão, a Lua... E pondo-se sob a proteção de alguma divindade mais próxima, poderosa e amiga, elegem-na sua padroeira, consagrando-lhe o seu clã, depois a sua cidade e finalmente o seu país.

Para servir continuamente às divindades e lhes interpretar os desejos, constituem sacerdotes, logo erigidos a uma condição superior, quase sobre-humana, de intermediários entre os deuses e os homens. Os sacerdotes organizam-se em classes e hierarquias, assumem o comando da política, da guerra, do comércio, dos cultos; criam a Mitologia, a Magia, os tabus... É, porém, no bojo dos templos, transformados em observatórios e em dispensários, que a Mitologia e a Magia começam a criar a Filosofia e a Ciência. Os astros, considerados a morada de potentes divindades superiores, cujos relacionamentos, harmônicos ou desarmônicos, afetam favorável ou desfavoravelmente a vida terrena dos homens, passaram a ter importância fundamental para os antigos mesopotâmios, que criaram a Astrologia, futura mãe da Astronomia e futura avó da Astronáutica.

Mil anos antes que o Cristo abençoasse com a sua presença as paisagens do mundo, já os mesopotâmios dividiam o círculo em 360 graus, o ano em 12 meses, a semana em 7 dias e o dia em 24 horas; usavam a escrita cuneiforme na contabilidade dos seus templos e compunham livros de Medicina, Geografia, Direito e Comércio, em tabuletas de argila.

*

Enquanto essa brilhante civilização se desenvolvia na rica vastidão mesopotâmica, no exuberante vale do Nilo, coberto de trigais e vinhedos, outra estrutura social refletia os mais altos graus de iniciação nos grandes mistérios da vida e da morte. Perto de Mênfis, o grande colégio sacerdotal de Heliópolis criava toda uma cosmogonia simbólica, e recobrindo com os véus da alegoria transcendentes noções de metafísica, ensinava ao povo que Atum, o Espírito, emergindo das águas de Num, criou Chá, o Ar, e Tafnet, o Vácuo, de cuja união surgiram Geb, a Terra, e Nut, o Céu; que depois unindo-se a Nut, Atum deu nascimento a Rá, o Sol, cujo poder foi contestado pela serpente Apófis e pela maga Ísis, apoiados por outros deuses menores; que para vencê-los, Rá enviou ao mundo a deusa Hator, mas esta se houve com tanta crueldade que Rá, desgostoso, desligou-se dos deuses e dos homens e retirou-se para o Céu; que mais tarde, Osíris, assessorado pelos deuses Anúbis, o Chacal;

e Upuat, o Lobo; conquistou a Terra, foi assassinado por Tífon, seu irmão, mas ressuscitou gloriosamente; que então Horo, seu filho e sucessor, encarnando-se no Faraó, divinizou-o.

"O Faraó é deus" — diz Aegerter, em seu pequeno e excelente livro *As grandes religiões*.

E acentua:

> Torna-se deus não simbolicamente, mas substancialmente, assim que os ritos da coroação o transformam em Horo, e a partir da VI dinastia, provisoriamente, sob a reserva de que prestará contas de seus atos a Osíris antes de penetrar no Paraíso. Ele é, por isso, o pontífice por excelência, o único sacerdote habilitado a oficiar no templo, sendo os demais apenas substitutos seus, delegados nominativos nos templos a que ele não pode comparecer. Como tal, todas as manhãs quebra o lacre de argila do santuário, desperta a estátua do deus, purifica-a, banha-a em perfumes e corantes, reanima-a soprando-lhe na boca e ele próprio recebe nesse beijo o influxo de vida que desce do Céu. [...] Na mesma hora, em todo o Egito, os delegados do Faraó repetem os mesmos gestos, as mesmas palavras, perante seus deuses particulares. Depois de morto, também ele terá o seu templo e o seu culto. [...] Essa ideia de sobrevivência, ligada a ritos precisos, desenvolveu-se curiosamente, como demonstrou Moret, com a evolução política que acarretou a transformação da monarquia absoluta em Socialismo de Estado. Desde o início, somente o Rei defunto passava pelo rito de mumificação e, como representante do Egito inteiro, entrava no Paraíso; essa deificação solitária bastava

efetivamente para espalhar pelo país inteiro os benefícios divinos. Tais ritos estenderam-se depois à família real, aos padres, por fim ao povo, à medida que as diferentes castas adquiriam uma importância social maior. O escriba, ou o obreiro egípcio, entrando no quadro do Socialismo de Estado, penetrou ao mesmo tempo no Céu. Imerso o seu corpo em natrão, ele se tornará deus como Rá (cap.10).

\*

Chegados ao século XIII, antes do advento do Senhor, o excelso Mestre ordena, no Infinito, a descida à Terra de um dos maiores Espíritos que o mundo antigo conheceu: Moisés, o Legislador. Sua História humana é assaz conhecida e não nos deteremos nela, embora mereçam nossa melhor homenagem os seus pais terrenos, Anrão e Joquebede, o sacerdote Jetro, a meiga Zípora e o justo Aarão. Nada diremos agora sobre os também conhecidíssimos episódios históricos que se desenrolaram no Egito, envolvendo o povo hebreu, nem sobre a extraordinária riqueza da História dessa gente. Importa-nos aqui algo que a tudo o mais se sobrepõe, que a tudo o mais sobreleva: a magnânima dispensação divina que foi a outorga, ao mundo, da Primeira Grande Revelação.

O *Decálogo*, que Moisés recebeu no Sinai, foi a primeira mensagem mediúnica diretamente transmitida, sem intermediários, aos homens terrenos, por Espíritos angélicos, em nome e por ordem do Cristo. Por momentos de glória inesquecível, a Corte Celeste se fez presente na crosta da Terra, trazendo ao chão planetário, pela vez primeira, a impregnação maravilhosa de vibrações excelsas, tão poderosas e sublimes, que ficaram para sempre em nosso solo e em nosso ar, como selo de forças vivas, a garantir sustentação magnética à marcha evolutiva da nossa Humanidade. Os dez mandamentos, de procedência crística, são a grande e sólida base sobre a qual se ergueram as fundações da Civilização do Espírito, ainda hoje em processo de construção. Esse código, de majestosa grandeza, foi de tão decisiva importância para o mundo, que é impossível ignorá-lo ou minimizá-lo, malgrado certas conotações temporais que as necessidades da época nele inseriram, mas que não lhe toldaram a magnificência. Nem mesmo os preconceitos dos saduceus ou as manipulações farisaicas conseguiram obscurecê-lo. Ele foi a sagrada Carta de Justiça, do mesmo modo que o Evangelho de Jesus viria a ser a soberana mensagem do Amor Divino.

\*

Longe dali, nos pagos da velha Índia, haviam surgido, quinze séculos antes da Era Cristã, os textos védicos, de transcendente beleza e mística inspiração, seguidos depois pelos *Aranyakes* e *Bramanas* e, mais tarde, pelos *Upanishads*. Infelizmente, toda aquela esplêndida doçura degenerou no orgulhoso Bramanismo, que dividiu a sociedade em castas e concedeu abusivos privilégios à casta sacerdotal. Condoído diante de tão predatória indigência moral, o Cristo, na sua magnanimidade, fez nascer no mundo, na casa principesca dos Sáquias, o grande Sidarta que, assumindo a condição de Buda, buscou reacender, nas plagas do Oriente, as luzes eternas da piedade e da justiça. Reagindo com violência à pregação budista, os brâmanes não descansaram enquanto não conseguiram solapar seriamente o Budismo, no século VII, e finalmente expulsá-lo da Índia, no século XII. Para consegui-lo, tiveram, porém, de reformar a própria doutrina bramânica, tornando-a menos áspera e menos injusta, até que ela se transformasse naquilo que ficou conhecido como sendo o Hinduísmo.

    O divino Administrador da Terra não havia esquecido, em tudo isso, as numerosas coletividades que viviam nas vastidões da China e no Extremo Oriente. Também por lá os Mensageiros celestes animavam cultos vigorosos, de suave e carinhoso respeito aos mortos, mantendo vívidas as ideias da sobrevivência e da reencarnação. Seiscentos e quatro anos antes de nossa Era, o excelso Lao-Tsé nascia na corte dos Tcheu. Sua nobre pregação, feita de ascetismo e de esperança, dirigia-se sempre ao ideal da harmonia perfeita, filha do amor universal e da verdade simples. Pouco mais tarde, o generoso Confúcio, nascido no ano 551 a.C., reforçava no espírito de seu povo o apreço pela pureza dos costumes e o respeito aos antepassados, num mundo que devia ser regido pelas leis morais.

    Ao mesmo tempo, Zaratustra ensinava, na Pérsia, a unidade divina e a fraternidade humana, a resistência ao mal e a vitória final do bem. Retratou a luta pela evolução, no trabalho criador de Ormuzd e na sombria oposição de Arimã; falou dos poderes trevosos de Azidaaka, mas informou que Keresaspa o venceria e Saochzant renovaria todas as coisas. Como sempre aconteceu, depressa o povo olvidou as elevadas lições de Zaratustra, mas um dia o Cristo, sempre dadivoso em seu amor inesgotável, enviaria Manes à Babilônia, por volta do ano 215. Seus cruéis adversários o esfolaram vivo, mas o exemplo de sua fé encontraria eco no coração ocidental dos albigenses.

*

Entretanto, desde três mil anos antes de nossa Era, floresceram na Egeia outras civilizações. Os cicladenses trabalhavam o cobre, o bronze e o ouro, desenvolviam a agricultura e a pesca; os cretenses, influenciados pelos mesopotâmios e pelos egípcios, usavam moedas, produziam cerâmicas e têxteis, cultivavam o trigo, a oliveira e a vinha; os aqueus fundaram a civilização micênica e deram origem aos jônios e aos eólios; os dórios dominaram a arte de usar o ferro e fizeram surgir as Cidades-Estados, de importância tão fundamental na História grega. No Mediterrâneo oriental, os fenícios estabeleceram prósperos centros de comércio e inventaram o alfabeto. Nas colônias jônias da Ásia Menor nasce, entre os séculos X e VII a.C., a literatura grega: ciclos de cantos e sagas, continuamente enriquecidos pelos aedos, dos quais a posteridade guardou, como preciosas relíquias, a *Ilíada* e a *Odisseia*, de Homero, e os clássicos de Hesíodo — *Os trabalhos e os dias* e *Teogonia*, de incalculável valor. Cidades importantes aparecem: Siracusa, Bizâncio, Massília, Cirene. A realeza perde a vitaliciedade, torna-se anual e acessível a todos os nobres, os *aristoi,* que chefiam os *genos* e dominam a *polis*. Forjam-se a *Plutocracia* e a *Oligarquia*; instituem-se os Jogos Olímpicos; legaliza-se a *tirania*...

O pensamento, porém, evolui. Em Mileto, Tales, Anaximandro e Anaxímenes, libertando-se da mitologia, buscam uma natureza, um *physis*, para todas as coisas. Em Éfeso, Heráclito, o Obscuro, fala de um universo feito de transformações e defende o grande equilíbrio pela harmonia dos contrários. Em Eleia, Xenófanes, Parmênides, Zenão, Melisso, Empédocles e Anaxágoras estabelecem bases racionais para a Ontologia e para a Lógica, e a diferença entre opinião (*doxa*) e certeza (*episteme*). Protágoras, Pródico e Górgias, os *sofistas*, denunciam o caráter convencional das instituições sociais, desenvolvem a Retórica e formulam os fundamentos do Empirismo, do Ceticismo, do Subjetivismo, do Relativismo, do Pragmatismo e do Hedonismo. Demócrito apresenta o postulado da estrutura atômica da matéria e Leucipo constrói o postulado da causalidade natural dos fenômenos naturais.

De 469 a.C. a 399 a.C., o vulto exponencial de Sócrates domina a cena humana. Ele afirma que o conhecimento é possível e que o seu objetivo supremo é a própria alma. "Conhece-te a ti mesmo", repetia. Partindo da *douta ignorância*, que sabe nada saber, usava sempre o diálogo para fazer com que seus interlocutores chegassem por si mesmos a todas as conclusões. Valia-se da *ironia* para demolir preconceitos e ideias falsas; e da *maiêutica*, para revelar verdades latentes no espírito humano, operando assim o *parto das ideias*. Dessa forma, trouxe o pensamento filosófico da Cosmologia para a Ética, pois ensinava que só no Bem existe Sabedoria.

Platão, discípulo de Sócrates, preocupou-se com a construção do Estado perfeito, governado apenas pelos mais sábios e pelos mais dignos. Expôs e defendeu a ideia da preexistência da alma e da reencarnação, o conhecimento como reminiscência de realidades vistas no Mundo Espiritual e esquecidas sob o impacto da imersão na esfera carnal.

Aristóteles, discípulo de Platão e preceptor de Alexandre, fundou o Liceu, na Escola Peripatética, onde desenvolveu suas ideias de busca da verdade por meio da experiência. Continuado e revivescido por seus discípulos, seu pensamento consubstanciou-se no Aristotelismo, doutrina filosófica que atravessaria os séculos e exerceria poderosa influência, até o apogeu da Filosofia medieval, quando as versões aristotélicas dos árabes Avicena e Averróis tiveram voga e foram elaboradas sínteses de grande repercussão, entre o Aristotelismo e o Cristianismo, da autoria de Alberto Magno e Tomás de Aquino.

Vieram depois os chamados *pós-platônicos*. Diógenes e Antístenes, injustamente apelidados de *cínicos*; Aristico e os Ciernaicos; os *estoicos* Sêneca e Zenão; os *epicuristas* e os *céticos*; Fílon, Plotino e os *neoplatônicos*.

Euclides funda, por volta do ano 300 a.C., a Escola de Alexandria e elabora a obra *Elementos*, primeira compilação formal do saber matemático do Ocidente, que por mais de vinte séculos seria o principal texto para o estudo da Geometria; Arquimedes descobre as leis de flutuação dos corpos, criando a Hidrostática; Eratóstenes realiza, sem instrumentos, a primeira medição da circunferência terrestre; Aristarco explica a razão das estações climáticas e demonstra que a Terra gira ao redor de um eixo inclinado; Hiparco avalia a distância e o tamanho da Lua e do Sol. Mas foi somente no segundo século após a romagem terrena de Jesus, que o grego Cláudio Ptolomeu assentou, com o seu *Almagesto*, as bases de um sistema de Mecânica celeste, e no século nono depois do Mestre, que o árabe Al-Khowarizmi formulou a teoria dos números.

\*

Estamos agora em pleno século VI. Do alto do seu trono de luz e de trabalho, o Senhor contempla a sua Seara e decide que estava chegado o momento de reforçar as suas lições divinas e ampliar os domínios da fé e do amor. Escolhe, então, um dos seus mais caros Apóstolos, Espírito amplo e enérgico, decidido e hábil, e confere-lhe a missão de trazer os árabes ao redil do Evangelho. Guardando na alma a visão alcandorada dos cimos da vida, Maomé encarna em Meca, no ano 570. Aos 40 anos, após longa preparação, recebe a visita de celeste emissário, que o lembra do honroso compromisso e o concita a iniciar o seu apostolado. Sublimes recordações espirituais trazem-lhe à alma formosos estímulos; mas, limitado às estreitezas da carne e sentindo-se aparentemente à deriva, entre forças contraditórias, cede ouvidos invigilantes às potências do mal... Mistura no seu trabalho o divino e o humano, a luz e as sombras, a verdade e o erro, a misericórdia e a intolerância; permite que interesses imediatistas, eivados de violência e cupidez, se imiscuam em seu pensamento e lhe tisnem de treva as mais nobres inspirações.

O desapontamento do Colégio celeste é doloroso e profundo. O Amigo de Jesus fundara, na Terra, um Estado teocrático e imperialista, infinitamente distanciado do sonho de Amor e Paz que sonhara na Galileia! Ele, porém, voltaria depois à poeira dos caminhos terrenos, em sucessivas peregrinações de reajustamento; e na humildade e na dor, pôr-se-ia de novo em condições para novos serviços de construção e verdade. Experimentaria na própria alma as consequências de sua fraqueza, e dando exemplo de extrema dignidade, deixar-se-ia trucidar pelas hordas de seus próprios seguidores... Na esteira da História, ainda nos comoveria profundamente os Espíritos, ao se mostrar, modesto e ativo, sempre amparado pelos seus indefectíveis Amigos espirituais, a construir, laboriosa e infatigavelmente, com a ajuda de sua fiel Cadija, a monumental reinterpretação de *Os quatro evangelhos*...

*

Lição da História, que os homens terrestres ainda não aprenderam, é a de que o nosso mundo, como todos os outros mundos do Universo, tem realmente um Governo espiritual, efetivo e forte, embora tolerante e compassivo; um Governo providencial, que preside, em nome e sob a inspiração do divino Pai, à evolução de todos os seres terrenos, e que, nesse mister protecionista e educativo, compreende, tolera e renova, sem cessar, ensinamentos e oportunidades; mas que nem por isso deixa o orbe à matroca, nem permite que a insensatez e a maldade humanas subvertam, além de limites toleráveis, a ordem da vida. A simples análise dos fatos não deixa, a esse respeito, qualquer dúvida. Sempre que a irresponsabilidade, a cobiça ou a perversão ameaçaram seriamente a estabilidade da existência, no planeta, o Céu interferiu ostensivamente, com providências eficazes e oportunas, para recompor a harmonia quebrada.

    Quando, pois, o excesso de abusos da Igreja Romana desbordou-se na permissividade sem freios e na simonia oficializada, o Senhor da Seara determinou a encarnação, na Terra, de eminentes e enérgicos Espíritos reformadores, incumbidos de estancar a enxurrada de vícios que começava a afogar, na Europa, a consciência clerical. Desacostumada de receber críticas fortes e escudada na intolerância e na impunidade, a Igreja queimou vivo, em 1498, a Girolamo Savonarola, mas dezenove anos depois teve de enfrentar os protestos de Martin Lutero, na Questão das Indulgências. Dessa vez, o Vaticano não teve forças, nem morais, nem políticas, para sufocar a reação aos seus desmandos. Rivais poderosos do poderio papal aproveitaram-se do ensejo e transformaram o movimento religioso em reivindicação política, sob garantia militar. Impedindo que os padres queimassem a Lutero, como faziam com todos os *hereges*, Frederico da Saxônia o guardou em seu castelo de Wartburg. Alberto de Brandeburgo dissolveu a Ordem Teutônica e fundou, com suas terras e seus bens, o Estado da Prússia. Em breve, a dissidência estaria doutrinariamente institucionalizada pela *Confissão de Augsburgo*, redigida por Phillip Melanchthon. Ante a reação armada de Carlos V e dos príncipes católicos, os *protestantes* formaram a *Liga de Smakalde* e deram início às guerras religiosas. O movimento reformista, porém, não se deteve. Zwínglio foi morto na batalha de Kappel, mas seus discípulos levaram avante, na Suíça, as suas ideias que, se bem algo mudadas, acabaram triunfando naquele país, sob a liderança de João Calvino. Pena foi que a sua intransigência tantas vítimas causasse e que fosse contar-se entre elas o grande sábio espanhol Miguel Servet, autor de estudos valiosíssimos sobre a circulação do sangue. Na Escócia, João Knox destacou-se na introdução da Reforma e, na Inglaterra, Henrique VIII instituiria o Anglicanismo.

Reconhecendo a necessidade e a urgência de profundas reformulações na Igreja Romana, o Papa convocou o Concílio de Trento, que se prolongou, com interrupções, de 1545 a1563 e, além de manter os dogmas católicos, instituiu os seminários para melhor formação cultural dos sacerdotes. A maior preocupação da Igreja era, porém, o combate aos protestantes e não o seu próprio retorno à humildade cristã. Na verdade, as providências renovadoras do Cordeiro não podiam ficar sem uma reação violenta dos Dragões. Foi sob a inspiração e comando deles que Inácio de Loyola fundou, em 1534, a Companhia de Jesus. As guerras religiosas ensanguentaram a Europa e Catarina de Médicis ordenou o *Massacre de São Bartolomeu.*

Emissários do Anticristo, poderosamente apoiados pelas forças das Sombras, perpetraram, nessa época, os mais horripilantes delitos. Filipe H ocupava o trono da Espanha. Torquemada e Cisneros dirigiam impunemente sanguinolenta repressão à liberdade de consciência. Almas heroicas, porém, não escasseavam na Terra, dando os mais belos exemplos de virtude ativa e imperturbável fidelidade aos ideais evangélicos. Tereza D'Ávila e João da Cruz foram disso luminosos expoentes. Mesmo quando a escuridão parecia dominar o firmamento do mundo, jamais se extinguiu sobre a Terra a chama inapagável do Bem.

\*

O tempo passa... Nas Universidades europeias da Idade Média aparece a Escolástica e surge com ela o Tomismo mas, logo a seguir, nos séculos XV e XVI, Nicolau de Cusa sobrepõe o Concílio ao Papa e, enquanto Maquiavel defende o poder dos príncipes, Montaigne prega a necessidade da justiça, mesmo ao preço do sofrimento; e da verdade, mesmo às custas da dúvida Giordano Bruno foi queimado pela Igreja como herético, mas o *De revolutionibus orbium coelestium*, que Nicolau Copérnico fez publicar em 1543, estabeleceria, de modo definitivo, a teoria heliocêntrica do Sistema Solar.

Daí em diante, nessa esquina do tempo, começaria para o pensamento humano uma nova era. Gerhard Kremer, com a sua *Projeção de Mercator*, estabeleceu a Cartografia, e Galileu Galilei descobriu as leis do movimento. O *De magnete*, de William Gilbert, constituiu preciosa base para todos os futuros trabalhos sobre magnetismo e eletricidade; João Kepler desvendou as leis fundamentais do movimento planetário e John Napier inventou os logaritmos.

O século XVII alvoreceu em luzes para a inteligência humana. Em 1620, o inglês Francis Bacon ofereceu, com o *Novum organum*, a primeira teoria formal de Lógica indutiva; René Descartes formulou a Geometria analítica e, do princípio de que "duvidar é pensar", chegou ao seu "penso, logo existo", e concluiu pela aceitação racional da ideia da existência de Deus. Torricelli inventou o barômetro; Boyle distinguiu entre elemento químico e composto químico, e identificou as leis que governam a relação entre a pressão e o volume de um gás. Blaise Pascal, filósofo, matemático e místico, após importantes estudos sobre probabilidade, Hidrodinâmica e Hidrostática, lançou as bases da Hidráulica.

Brilhando exponencialmente no firmamento da inteligência, surge Isaac Newton e surgem com ele a Teoria da Gravitação, a sistematização da Mecânica e do Cálculo. Seus estudos abarcaram a natureza da luz e das cores e espraiaram-se pelos domínios da Matemática, da Óptica, da Química, da Mecânica, da Dinâmica, da Teologia e até do Ocultismo. A Humanidade lhe deve a derivação das leis de Kepler; o conceito de força, expresso nas três leis fundamentais do movimento; a teoria corpuscular da luz e o teorema binomial. O progresso avança, em marcha acelerada. Olaus Romer mede, pela primeira vez, a velocidade da luz; Christian Huygens propõe a teoria da natureza ondulatória da luz; Stephen Gray descobre os isoladores de correntes elétricas, e Du Fay identifica e distingue a eletricidade positiva da eletricidade negativa, estabelecendo a lei fundamental das cargas elétricas.

No campo filosófico, John Locke arquitetou uma doutrina de empirismo experimental; Thomas Hobbes forjou uma teoria de pacto social que levava ao absolutismo monárquico justificado; Baruch Spinoza concebeu a sua visão panteísta da substância vivificadora universal e Gottfried Wilhelm Leibniz falou das mônadas primevas.

Uma notável fermentação ideológica estimulava sem cessar os pensadores. David Hume especulava sobre um instinto natural indestrutível pela reflexão, enquanto George Berkeley considerava que tudo deriva de uma Inteligência Ideal e Divina.

O espírito humano se liberta de dogmas ergastulantes e cediços. Montesquieu publica *O espírito das leis*; Helvécio escreve *Sobre o homem*; La Mettrie compõe a *História natural do homem* e *O homem máquina*; Holbach divulga o *Sistema da natureza*; Voltaire formula eloquente apelo:

> Vamos, valente Diderot e intrépido d'Alembert, coliguem-se; [...] derrotemos os fanáticos e os velhacos, destruamos as insossas declamações, os vis sofismas, a História mentirosa, [...] os absurdos sem conto; não deixemos aqueles que têm bom senso sob a sujeição dos que não o têm; e a geração que está nascendo nos deverá a sua razão e a sua liberdade!

Esse apelo já encontra a ambos trabalhando. De 1752 a 1772, volume após volume, eles publicam a *Enciclopédia*. Rousseau comove a alma francesa e lança as bases da *Escola Nova*. No fundo da prisão, Condorcet produz o *Quadro histórico do progresso do espírito humano* e Chateaubriand dá à luz *O gênio do cristianismo*.

Para honra da Humanidade, nasce Immanuel Kant, crítico genial, trabalhador incansável e fecundo do pensamento. Metódico e disciplinado, só suspende seus passeios diários sob as tílias para ler Rousseau. O mundo recebe de suas mãos *a Crítica da razão pura*, a *Crítica da razão prática*, a *Crítica do juízo* e o *Fundamento da metafísica dos costumes*. Usa a razão para chegar da dúvida à certeza sobre a lei do dever, sobre a existência de Deus e sobre a imortalidade da alma.

A Ciência progride. Carolus Linaeus publica o *Systema naturae* e funda a Taxonomia; Antoine Lavoisier descobre a verdadeira natureza da combustão; Karl Gauss lança as bases da Geometria não Euclidiana; James Hutton, com a sua *Teoria da terra*, abre caminho para a moderna Geologia; e Joseph Proust descobre a lei das proporções definidas de elementos, por peso, nos compostos químicos.

Enquanto Schopenhauer, incompreendido e atormentado, valoriza a *vontade*, num mundo de *representação*, e Comte funda o Positivismo; John Dalton redescobre a constituição atômica da matéria; William Smith estabelece a Geologia Estratigráfica; Hans Christian Oersted descobre o eletromagnetismo; Georg Ohm formula a lei da condução elétrica; Friedrich Wöhler consegue a primeira síntese de um composto orgânico obtido de um material inorgânico; Michael Faraday descobre a indução eletromagnética; Julius Mayer, James Joulle e Herman Helmholtz deduzem a lei da conservação da energia.

\*

Os cultores da História humana não escondem a sua admiração e a sua perplexidade em face da surpreendente aceleração do progresso mundial, a partir do século XVII, em todos os campos da inteligência — na Ciência, na Filosofia, nas artes e nas técnicas. Todos os departamentos do saber e do trabalho humanos se iluminam e se engrandecem. É que havia soado, no Infinito, a grande hora em que os Céus se abririam, para que descesse à Terra o sublime Paracleto, o Espírito da Verdade, o Consolador que Jesus prometera à Humanidade e que a ela viria, para com ela ficar por todo o sempre! Do velho e glorioso Egito, da Índia venerável, da China ancestral, da Grécia antiga e sábia, da culta Roma Imperial, acorrem em massa os Espíritos mais generosos e mais lúcidos para, sob a égide do Cristo, inaugurarem no mundo uma nova era de Verdade e de Luz. Com a permissão divina do eterno Pai, o coração amoroso de Jesus iria dar aos homens a Terceira Revelação. O Espiritismo iria ser codificado.

O intercâmbio espiritual entre os *mortos* e os *vivos*, os desencarnados e os encarnados, sempre existiu, vigoroso e constante, em todas as idades do mundo, mas agora ele seria despojado dos véus da ignorância e do mistério, mostrado às claras, em todo o esplendor da sua realidade, explicado e compreendido, sistematizado e estudado, cultivado e praticado em inusitadas dimensões de consciência e de grandeza, como penhor de uma nova e eterna aliança entre a Terra e o Céu.

Para ter condições de bem receber e entender a excelsa Mensagem, a Humanidade precisava libertar-se de velhos dogmas, emancipar o pensamento, conquistar novos estágios de conhecimento científico, desenvolver melhores possibilidades de comunicação e difusão cultural. Por isso, o Governo espiritual do Planeta convocou a benemérita cooperação de cientistas e filósofos, navegadores e estadistas, técnicos, artistas, pensadores. Como, porém, nada de realmente grande se constrói sem a dedicação e a renúncia de almas generosas, dispostas a oferecer-se em holocausto ao progresso e ao bem comum, o Divino Mestre abriu, nas Alturas, o voluntariado do sacrifício, para os pioneiros da Mediunidade... Inúmeros Espíritos abnegados se inscreveram nessa legião de desprendidos e a História guardou, com carinho, nomes como os de Swedenborg, Davis, Cahagnet, Fox, Hayden, Hauffe, Cottin, Maginot, Mireille, Cook, Paladino, Home, Collignon...

A noite de 31 de março para 1º de abril de 1848 marcou, na casa dos Fox, em Hydesville, o início de uma nova época de fenomenologia espetacular, insistente, ostensiva, que se impôs à atenção geral, causou sensação nos Estados Unidos, levantou a opinião pública na Inglaterra e na Alemanha e se popularizou na França. Hippolyte Léon Denizard Rivail, o discípulo de Pestalozzi, tomou conhecimento dos fatos, constatou-os pessoalmente em 1855, estudou-os objetiva e minuciosamente, convenceu-se de sua realidade, buscou-lhes a causa e deduziu-lhe a significação; pesquisou, trabalhou... Apareceu então a primeira edição de *O livro dos espíritos*. Era 18 de abril de 1857. Era o Espiritismo.

Agora, o Codificador só vive para a Codificação. Inspirado e sustentado pelas Primícias celestes, foi apenas idealismo, trabalho e abnegação, até a morte. A equipe de colaboradores terrenos é também de primeira ordem e prossegue na tarefa de consolidar a Doutrina. Na mesma linha de desprendimento e sacrifício do honesto livreiro Didier e da dedicada Sra. Boudet, alteiam-se o descortino, a coragem e a fidelidade dos Leymarie. A luz brilha na pena abençoada de Denis, Flammarion, Delanne, Bozzano, Geley, Aksakof, Roustaing...

Diante da magnificência da Nova Revelação, brilhantes inteligências curvam-se, admiradas. Testemunhos insuspeitos e respeitáveis aplaudem a revelação da imortalidade: o juiz Edmonds, que foi Presidente do Senado e da Suprema Corte dos Estados Unidos; A. de Morgan, Presidente da Sociedade Matemática de Londres; o sábio William Crookes; o astrônomo alemão Zöllner; os professores Ulrici, Weber e Seckner, da Universidade de Leipzig; o filósofo Carl du Prel; o visconde espanhol Torres-Solanot; o criminalista italiano Lombroso; o astrônomo Schiaparelli, diretor do Observatório de Milão; o físico Gerosa; o fisiologista de Amicis; os professores Boutlerow e Ostrogradsky, da Universidade de São Petersburgo...

Nada obstante, os príncipes das Trevas levariam o bispo católico de Barcelona a apreender e mandar queimar ilegalmente em praça pública, por carrasco oficial, cerca de trezentos volumes de obras espíritas, que foram solenemente incinerados no dia 9 de outubro de 1861. E forjaram depois um fato bem mais grave, na própria França, cuja Sétima Câmara Correcional de Paris condenou à prisão o inocente e digno Pierre-Gaêtan Leymarie, num processo de infeliz repercussão, iniciado a 16 de junho de 1875 e tendenciosamente conduzido pelo arrogante juiz Millet; processo escandaloso, que abalou, perante um público mal-informado, o bom conceito da Doutrina dos Espíritos.

A verdade é que esses dolorosos acontecimentos e suas tristes consequências não fugiam à lógica de uma reação desesperada dos escusos interesses que o Espiritismo naturalmente feria, com os seus princípios e as suas decorrências de inteiriça moral. Fosse ele simples compilação de fenômenos, sem maiores decorrências éticas, talvez pudesse ser tranquilamente aceito, admirado e até praticado, sem afetar a consciência e sem alterar os hábitos das pessoas; mas, ao contrário disso, ele obrigava, por sua Filosofia e pelos seus fundamentos evangélicos, a um claro e inarredável compromisso de renovação para o bem verdadeiro, para o amor desprendido e incondicional, para a fraternidade pura e para a justiça perfeita. Abalava, desse modo, todas as estruturas baseadas no egoísmo e na vaidade, no orgulho e na cobiça. Por isso, pareceu a muitos incômodo demais e mesmo incompatível com a índole de uma civilização alicerçada no prazer irresponsável e na exclusividade da posse.

Na Europa do século XIX o Espiritismo não pôde florescer, mas a sua sementeira generosa e fecunda germinou no Brasil e aqui se transformou em árvore copada e frutuosa. Firmemente implantado na Terra de Santa Cruz, daqui já começa a irradiar a sua luz sobre o mundo inteiro, até que, vencida a noite tempestuosa que ameaça cair sobre este fim de século, alvoreça com o novo milênio uma nova era.

*

A resposta do Anticristo ao novo Pentecostes de claridades eternas não se fez esperar. Karl Marx fundou o Materialismo dialético e abriu caminho para o Bolchevismo ateu. Friedrich Nietzsche desenvolveu a teoria do *super--homem*, exaltando a *vontade de guerra*, de superioridade e de domínio, e criando condições para o racismo intolerante de Rosenberg e para o Nazismo de Hitler.

Os voos da Ciência, porém, não se detiveram. Aliás, bem antes do nascimento de Rivail, Christian Friedrich Samuel Hahnemann criara, em 1796, a Homeopatia. Agora, do meio para o fim do século XIX, Clausius divulga a Segunda Lei da Termodinâmica; Kirchhoff cria a Espectroscopia; Frankland conceitua a valência química; Boole, com sua álgebra, faz surgir a Lógica matemática; Maury funda a Oceanografia; Edison produz a primeira lâmpada incandescente prática, com filamento de carbono e Darwin publica o seu monumental *A origem das espécies por via de seleção natural*.

A reação positiva contra o Materialismo filosófico tem vez com o Evolucionismo de Spencer; e, em contrapartida ao Utilitarismo de Mill e ao Pragmatismo de William James, Henri Bergson dedica à intuição o fulgor de sua inteligência.

O tempo transpõe a metade do século XIX, mas o progresso não para... James Maxwell estrutura a teoria matemática da radiação eletromagnética; Gregor Mendel formula as leis fundamentais da Genética; Mendeleiev divulga a lei periódica e a tabela periódica dos elementos; Georg Cantor emite os conceitos da Matemática transfinita e desenvolve a teoria dos conjuntos, base da Matemática moderna; Svante Arrhenius fundamenta o conceito de ionização.

Os últimos anos do século XIX ainda proporcionariam grandes avanços no campo da Ciência. Lázaro Luís Zamenhof lança o Esperanto; Louis Pasteur, vendo vitoriosa a sua *teoria microbiana*, funda o seu Instituto; Marconi comprova publicamente a viabilidade do telégrafo sem fio, valendo-se das descobertas de Hertz sobre a propagação das ondas magnéticas; Roentgen descobre o Raio X; Becquerel e o casal Curie realizam notáveis descobertas sobre radioatividade; Thomson descobre o elétron e Planck publica o postulado da teoria quântica.

Nos domínios da Filosofia, o século XX traz profundas transformações. À frente do *Círculo de Viena*, Bertrand Russell e Rudolf Carnap desenvolvem teorias neopositivistas e reduzem os estudos filosóficos aos fatos cientificamente verificáveis e à Lógica matemática. Edmund Husserl introduz a Fenomenologia; Kierkegaard, Heidegger e Sartre concebem e difundem o Existencialismo; Ferdinand de Saussure cria o Estruturalismo. Surgem a Economia, de Louis Althusser; a Antropologia, de Claude Levy-Strauss; a Psicanálise, de Jacques Lacan; e a Psicologia, de Jean Piaget.

No campo da Ciência, o século XX está referto de acontecimentos notáveis. Freud funda a Sociedade Psicanalítica de Viena; Einstein expõe as suas teorias da relatividade; Werner Heinsenberg empreende a formulação da Mecânica quântica da teoria atômica; Pavlov publica sua magistral obra *Reflexos condicionados*; Fleming descobre a penicilina; Wolfgang Pauli anuncia a existência do neutrino, só muito depois experimentalmente comprovada; James Chadwick descobre o *nêutron* e Carlo Anderson o *pósitron*; Meitner, Kahn e Strassmann conseguem a fissão nuclear do urânio.

O ano de 1945 tem uma conotação trágica: explode a primeira bomba atômica, fabricada sob a supervisão de Robert Oppenheimer. Logo depois, porém, Libby desenvolve o método do *relógio de tempo atômico*; Bardeen, Brattain e Shockley formulam a teoria do transistor e de sua construção; Crick e Wilkins decifram a estrutura de hélice dupla do ácido desoxirribonucleico do cromossomo e Townes constrói o primeiro *maser*. Albert Bruce Sabin consegue a vacina contra a poliomielite.

Em 1957, a Academia de Ciências da União Soviética consegue um feito pioneiro de marcante importância: coloca em órbita terrestre o primeiro satélite artificial. No ano seguinte, Van Allen descobre os cintos de radiação de alta energia que circundam a Terra; em 1959, são obtidas fotografias do lado oculto da Lua e em 1960 Theodore Maiman demonstra a ação do *Laser*.

1961 assinala a primeira viagem de um ser humano corpóreo no espaço sideral; em 1963, Matthews e Sandage descobrem os *quasars*; David Harker decifra, em 1967, a estrutura do ácido ribonucleico e, em 1968, Anthony Hewish descobre os *pulsars*. Em 1969, Armstrong e Aldrin pisariam o solo lunar e em 1970 Anderson concluiria a síntese do *gene*.

Em todos os campos da atividade humana, o progresso continua a avançar, celeremente. As incessantes conquistas da Ciência e da tecnologia deveriam trazer alegria e felicidade sempre maiores a todos os seres da Terra, mas todos sabem que não é isso o que está acontecendo. Ao contrário, provocam desconfiança e medo cada vez maiores, porque significam ameaça crescente de destruição, ante os fantasmas cada vez mais temíveis de guerras de imprevisíveis consequências. Os equilíbrios político-militares são precários; os acordos internacionais não inspiram confiança. O choque desgastante dos interesses em jogo e das pretensões indisfarçadas de hegemonia tende claramente para uma catástrofe de grandes proporções. Somente a implantação universal e efetiva dos princípios evangélicos de fraternidade legítima poderá instituir no mundo a paz definitiva, tão necessária e tão almejada. Cristo é, na realidade, a única esperança.

## 11
# O TERCEIRO LEGADO

O Espiritismo não tem o caráter isolado de uma Filosofia, de uma ciência ou de uma religião, porque é, ao mesmo tempo, religião, Filosofia e ciência. É simultaneamente revelação divina e obra de cooperação dos Espíritos humanos desencarnados e encarnados. Tem a característica singular de ser impessoal, complementar e progressivo; primeiro, por não ser fruto da revelação de um só Espírito, nem o trabalho de um só homem; segundo, por ser a complementação natural, expressa e lógica das duas primeiras Grandes Revelações Divinas (a de Moisés e a do Cristo); terceiro, porque, como bem disse Kardec, ele jamais dirá a última palavra. É ciência, porque investiga, experimenta, comprova, sistematiza e conceitua leis, fatos, forças e fenômenos da vida, da Natureza, dos pensamentos e dos sentimentos humanos. É Filosofia, porque cogita, induz e deduz ideias e fatos lógicos sobre as causas primeiras e seus efeitos naturais; generaliza e sintetiza, reflete, aprofunda e explica; estuda, discerne e define motivos e consequências, *comos* e *porquês* de fenômenos relativos à vida e à morte. É religião, porque de suas constatações científicas e de suas conclusões filosóficas resulta o reconhecimento humano da Paternidade Divina e da irmandade universal de todos os seres da Criação, estabelecendo, desse modo, o culto natural do Amor a Deus e ao próximo.

Somente sendo assim como é, poderia o Espiritismo realizar a sua grande missão de transformar a Terra, de mundo de sofrimento, de provas e expiações, em orbe regenerado e pacífico, a caminho de mais altas expressões de glória cósmica. Essa missão de transformar o mundo, o Espiritismo cumprirá; não com palavrório inconsequente, nem com tricas políticas ou com ações de força bélica, mas fazendo a Humanidade enxergar e entender a evidência das grandes leis e dos grandes fatos da vida, a imortalidade do Espírito, a justiça indefectível, o imperativo do Amor.

Infinitamente superior a todas as ciências limitadas, dispensa laboratórios sofisticados, aparelhagens caras e rígidos métodos empíricos. Imensamente mais eficaz do que todas as demais Filosofias conhecidas, não se perde em devaneios da inteligência, nem se limita exclusivamente a fenômenos materialmente verificáveis ou deduzíveis por meio de insuficientes raciocínios de Lógica matemática. Incomparavelmente mais racional e eficiente do que qualquer outra religião, dispensa sacerdócio, altares, rituais e dogmatismos, porque atua diretamente sobre o entendimento e o coração de cada pessoa, fala à alma de cada indivíduo e assenta o seu império na mente de cada ser.

Por isso, o Espiritismo não necessita de exterioridades para empreender a reforma do mundo, porque isso ele realizará por meio de cada pessoa, de cada grupo de pessoas, de cada sociedade, de cada comunidade humana. Como a Doutrina Espírita tem a natureza de uma revelação progressiva e incessante, sua influência será cada vez mais específica e mais ampla, em todos os setores da atividade humana, inspirando novos rumos e novas motivações, suscitando novos pensamentos criativos e promovendo o progresso.

Por meio da Literatura, da Música, das artes plásticas, do cinema, do rádio, do teatro, da televisão, as ideias espíritas realizarão um trabalho educacional de altíssimo rendimento, semeando pensamentos mais altos e enobrecendo sentimentos.

No campo da Medicina, o Espiritismo está destinado a ajudar a Ciência a descobrir e entender que, sendo o ser humano um complexo mento-físico-perispirítico, participa da natureza de três mundos distintos, que, todavia, se interpenetram e interagem: o Mundo Espiritual, o mundo físico e o mundo *paramaterial* ou *parafísico*. Em consequência dessa conscientização, compreender-se-á que esses três mundos, ou planos de vida, estão sujeitos, cada qual, a leis e condições evolutivas específicas, tudo neles se encontrando, desde as expressões mais rudes, até as mais sublimadas. Desse modo, ser-nos-á lícito falar (usando, embora, terminologia ainda inadequada) em fauna e flora mentais e em fauna e flora parafísicas, do mesmo modo que nos acostumamos a falar da fauna e da flora de nosso mundo material, que chamamos físico. Assim também poderemos falar de fluidos paramateriais e de eletromagnetismo transcendente, e também de doenças espirituais de consequências físicas, de doenças físicas de consequências espirituais e de doenças do perispírito, abrindo campo imenso para uma nova Medicina, infinitamente maior e mais complexa, destinada a atender ao ser humano de uma maneira integral. No futuro, além da Homeopatia, da Alopatia, da Acupuntura e das aplicações radiológicas, da hipnoterapia e de tantos outros métodos de tratamento já em voga, teremos a *mento-terapia espírita* e uma magnetoterapia de amplas possibilidades.

Na Medicina psiquiátrica, o Espiritismo está fadado a introduzir profunda inovação de conceitos e de métodos, a partir da aceitação científica da ascendência do Espírito sobre os cérebros perispiritual e físico e sobre todo o cosmo orgânico de cada ser humano. Isso, e mais o conhecimento objetivo dos processos obsessórios e dos desequilíbrios de natureza mediúnica, darão novas dimensões de entendimento e grandeza à Psiquiatria, induzindo-a a estudar as repercussões mútuas das lesões físicas, espirituais e perispirituais, para reformular todas as suas técnicas de diagnóstico e de tratamento e assim alcançar resultados mais positivos e mais consentâneos com o progresso.

Nas áreas da Psicologia e da Psicanálise, o Espiritismo introduzirá modificações fundamentais de conceituação e tratamento dos problemas clínicos, começando pela consideração dos ascendentes espirituais e cármicos determinantes de cada situação individual e grupal. Com efeito, como entender-se e tratar-se convenientemente inibições graves sem causa aparente e fobias inatas, inexplicáveis mesmo à luz da hereditariedade, senão por meio de vivências pretéritas, em passadas encarnações? Por falar nisso, até onde essas transatas vivências são responsáveis por difíceis quadros clínicos no campo da Pediatria? E ainda aí, quem seria capaz de medir, por agora, o valor da contribuição espírita para numerosas soluções, teóricas e práticas, ainda não encontradas para dirimir sérios desafios no âmbito da Pedagogia? Doenças de natureza cármica, afecções provenientes de choques reencarnatórios e diferenças fisiointelectomorais de ordem evolutiva, são coisas que a ciência oficial por enquanto desconhece, mas que, em porvir não mais remoto, há de incorporar ao rol dos seus saberes.

Por outro lado, o desenvolvimento dos poderes mediúnicos da telepatia poderá revolucionar a Linguística e conduzir à adoção prática e fácil de uma universalização da linguagem, por meio da aprendizagem subliminar do Esperanto. A pesquisa científica por processos mnemônicos de índole sonambúlica lançará luzes novas e imorredouras nos domínios da Sociologia, da Arqueologia, da Geologia e da História. O desenvolvimento aprimorado de dons medianímicos de percepção extrafísica desvendará, por meio da Astronáutica, intrigantes mistérios, e descobrirá novos mundos onde os mais modernos radiotelescópios nada acusam, ampliando, assim, e de maneira considerável, os horizontes da Astronomia.

A profunda e substancial ampliação que o Espiritismo provoca em todas as conceituações de medidas e propriedades das grandezas levará fatalmente a tão surpreendentes avanços nos raciocínios lógicos e nas formulações matemáticas, que o efeito disso obrigará à completa reavaliação dos postulados da Lógica e, consequentemente, a uma total renovação dos processos racionais da Filosofia, das ciências mecânicas, dos cálculos de probabilidade e das artes de representação.

A revelação da existência de mundos parafísicos e transcendentais, por enquanto ignorados pela Ciência, e das leis que regem a sua interpenetração, levará a Física a níveis infinitamente mais elevados de cogitações e de grandeza, no mesmo passo em que armará a Química para novas descobertas no campo da ação, da composição e da dissociação das substâncias.

No terreno da Filosofia religiosa, a obra libertadora do Espiritismo já é mais do que evidente. Reconceituou as antigas noções de Céu, Inferno, Purgatório e Limbo; de Anjos e Demônios; de Bem e de Mal; de ressurreição e de penitência; de amor e de trabalho; de riqueza e de cultura; de beleza e de progresso; de liberdade e de justiça. Aos desvalidos e aos doentes, aos solitários e aos tristes, aos pobres e aos perseguidos, aos injustiçados e aos aflitos, a todos renovou as esperanças num Pai justo e bom, num futuro sem fim, numa bem-aventurança eterna e sem limites, mas merecida e conquistada no dever bem cumprido, no trabalho bem feito, na paz da consciência limpa e na fraternidade operosa e desprendida.

Esta é, por sinal, a face mais bela da missão do Espiritismo: consolar, enxugar lágrimas, semear as flores divinas da esperança. Por isso, o próprio Cristo, que o prometeu e o enviou, chamou-o *Consolador*. Ele realmente anima e conforta, ajuda e retempera. Traz-nos de volta, redivivos, os nossos mortos queridos; mantém acesos os nossos ideais, mesmo quando as nossas condições atuais de existência não nos permitem realizá-los de pronto. Revela-nos afetos antigos, de inestimável valor, dos quais nos esquecêramos no tempo...

Foi por essa razão que o Espiritismo nasceu visceralmente ligado ao Evangelho de Jesus, do qual não se pode nunca separar. Se não fosse apostolicamente cristã, a Doutrina Espírita careceria de sentido. Seus fundamentos são o Amor e a Justiça; sua finalidade é o Bem — fonte única de verdadeira felicidade.

Com muito empenho, muita humildade e muita ênfase, advertimos a todos os irmãos em Humanidade que jamais se utilizem do Espiritismo para qualquer fim menos nobre; que não se valham dele para a maldade ou para crime, e nem mesmo para a simples satisfação estéril de tolas vaidades pessoais. Saibam todos que é imensamente perigoso abusar dele, porque usar a mediunidade para o mal é abrir sobre a própria cabeça as portas do Inferno.

O Espiritismo é a mais poderosa das ciências, porque lida com forças vivas e integradas de dois planos da existência; dirigir inconscientemente essas forças integradas para o crime poderá ser genocídio, mas será necessariamente suicídio das mais desoladoras consequências.

A esse respeito, ninguém alegue ignorância, pois o próprio Mestre divino a todos advertiu claramente, há dois mil anos, de que *todo pecado e blasfêmia serão perdoados aos homens, mas a blasfêmia contra o Espírito não será perdoada*. Para os que fazem questão de conferir os textos sagrados, informamos que essa solene advertência está no versículo 31 do capítulo 12 das anotações de *Mateus*; mas além disso está gravada, em letras de fogo inapagável, na consciência viva de cada um.

## 12
## NO PORVIR

Mesmo depois que passar a grande tempestade, o coração augusto do Cristo sangrará de dor, porque não será sem uma profunda e divina melancolia que verá partir, para rudes degredos reeducativos, os afilhados ingratos e rebeldes que não lhe quiseram aceitar a doce proteção...

Os filhos da iniquidade, empedernidos no crime e cristalizados no orgulho, deixarão as fronteiras fisiomagnéticas da Terra, em demanda das novas experiências a que fizeram jus; mas aqui, no orbe aliviado e repleto de escombros, uma nova idade de trabalho e de esperança nascerá, ao sol da Regeneração e da Graça.

Nesse mundo renovado, a paz inalterável instituirá um progresso sem temores e uma civilização sem maldade. Os habitantes do planeta estarão muito longe da angelitude, mas serão operosos e sinceros, um tanto sofredores e endividados para com a Eterna Justiça, mas fraternos e dóceis à inspiração superior.

A subsistência exigirá esforços titânicos, na agricultura dignificada e no trato exaustivo das águas despoluídas, mas não haverá penúria nem fome.

Por algum tempo, muitos corações sangrarão no sacrifício de missões ásperas, na solidão e no silêncio dos sentimentos em penitência; mas não existirá desespero nem prostituição, viciações letais ou mendicância, infância carente ou velhice abandonada.

A morte fisiológica continuará enlutando, na amargura de separações indesejadas, mas o merecimento e a intercessão poderão proporcionar periódicos reencontros das almas amantes e saudosas, em fraternizações de fenomenologia sublime.

A Ciência alcançará culminâncias jamais sonhadas... Naves esplêndidas farão viagens regulares a esferas superiores e as excursões de férias serão comuns, a mundos de sempiterna beleza.

Necessidades e fraquezas não poderão ser extirpadas por milagre, mas os frutos venenosos da maldade jamais chegarão aos extremos do homicídio.

O Estatuto dos Povos manterá o Parlamento das Nações, onde Excelsos Espíritos materializados designarão, em nome e por escolha do Cristo, os Governadores da Terra.

Sem monarquias, oligarquias, plutocracias ou democracias, haverá apenas uma Espiritocracia Evangélica, fundada no celeste platonismo do mérito maior, do maior saber e da maior virtude, para o serviço mais amplo e mais fecundo.

Reinarão na Terra a Ordem e a Paz.

O Amor universal será Estatuto divino.

A Terra pertencerá aos mansos de coração...

# Referências

AEGERTER, Emmanuel. As grandes religiões. DIFEL: São Paulo, 1966.

BOUTARIC, A. Matéria, eletricidade e energia. DIFEL: São Paulo, 1958.

GRANGER, Gilles-Gaston. A razão. São Paulo: DIFEL,1962.

JASTROW, Robert. A teoria da grande explosão: terão os astrônomos encontrado Deus?. Jornal do Brasil. Rio de Janeiro, 2 jul. 1978.

KARDEC, Allan. O livro dos espíritos. Trad. Guillon Ribeiro. 93. ed. Brasília: FEB: 2013.

KOESTLER, Arthur. As razões da coincidência. Nova Fronteira: Rio de Janeiro, 1972.

MACEDO, Horácio. Dicionário de física. Rio de Janeiro: Nova Fronteira, 1976.

NICOLSON, Iain. Astronomia. São Paulo: Melhoramentos, 1974.

PASCAL, Blaise. Pensamentos. Coleção Os pensadores. 1. ed. Abril Cultural, 1973.

REFORMADOR. Ago. 1920 e Dez. 1978. Rio de Janeiro: FEB.

ROUSTAING, J.-B. Os quatro evangelhos. Trad. Guillon Ribeiro. 9. ed. Rio de Janeiro: FEB, 1999.

XAVIER, F. C.; VIEIRA, Waldo. Mecanismos da mediunidade. Pelo Espírito André Luiz. 28. ed. Brasília, FEB, 2015.

TRATTNER, Ernest Robert. Arquitetos de ideias. 7. ed. Globo: Rio de Janeiro. .

UBALDI, Pietro. A grande síntese: síntese e a solução dos problemas da ciência e do espírito. IPU: Rio de Janeiro.

XAVIER, F. C. A caminho da luz. Pelo Espírito Emmanuel. 38. ed. Brasília: FEB, 2015.

_____. Libertação. Pelo Espírito André Luiz. 33. ed. Brasília: FEB, 2015.

_____. No mundo maior. Pelo Espírito André Luiz. 28. ed. Brasília: FEB, 2015.

XAVIER, F. C.; VIEIRA, Waldo. Evolução em dois mundos. 27. ed. Brasília: FEB, 2015.

_____. Evolução em dois mundo. Pelo Espírito André Luiz. 27. ed. Brasília: FEB, 2015.

# ÍNDICE GERAL[12]

## A

Abcesso energético e – 5.7
   remorso e – 5.7

Abraão
   filho de Terá e – 6

Academia de Ciências
da União Soviética
   primeiro satélite artificial e – 10

Acaso
   DNA e – 2

Advogada da Humanidade
   Maria de Nazaré e – 2

Afinidade
   trocas energéticas e – 5.14
   sintonia e – 5.18

Agênere
   definição e – 7

Água
   propagação das ondas na – 5.12

Água fluidificada *ver*
Água magnetizada

Água magnetizada
   características da – 5.12

Alemanha
   hegemonia incontrastável e – 9
   Nazismo e – 9
   Tríplice Aliança e – 9

Além-Túmulo
   Áureo e historiografia de – pref.

---

[12] N. E.: Remete ao número do capítulo.

## Alexandre
Cassandro, Ptolomeu, Seleuco e – 6
consequências da desencarnação de – 6
fundação de império gigantesco e – 6

## Alimentação
Espíritos desencarnados e – 5.11
Espírito encarnado e * de perispírito – 5.11
desencarnação e problema de * do perispírito – 5.11
mente espiritual e – 5.16

processo de * dos Espíritos inferiores – 5.10
processo de * dos Espíritos superiores – 5.10

## Alimento
definição de – 5.10
Espíritos superiores e * quintessenciado – 5.10

## Al-Khowarizmi
teoria dos números e – 10

## Alma
pensamento contínuo, conquista da – 5.14
recursos espirituais e * afeita ao bem – 1

## Ambartsumian, astrônomo armênio
ideia do Universo e – 1

## Amor
Lei de Deus e – 5.5
Luz Divina e – 5.12
necessidade humana e – 5.6
transformador do mal e – 5.7

## Anderson
síntese do gene e – 10

## Anderson, Carl D.
pósitrons e – 1, 10

## Animal
grande síntese, A, e – 4
liberdade e – 4
Sua Voz, Espírito, e – 4

## Anjo decaído
encarnação em corpo carnais inferiores e – 4
exilados de Capela e – 4

## Antielétron
Paul Adrian Maurice Dirac, físico, e – 1

## Antiguidade
grandes civilizações e – 6

Antimatéria
   segredos e – 5.1

Antropologia
   Homem de Cro-Magnon e – 6
   Homo heidelbergensis e – 6
   Homo neandertalenses e – 6
   Pithecanthropus erectus e – 6
   Sinanthropus pekinensis e – 6

Aristarco
   eixo inclinado da Terra e – 10

Aristóteles
   Aristotelismo e – 10
   Escola Peripatética e – 10

Arquimedes
   Hidrostática e – 10

Arquitetos de ideias
   importância universal da célula e – 3
   Ernest Robert Trattner e – 3

Arquiteto do Universo *ver* Deus

Astronomia
   pesquisas sobre – 1
   progresso da * e rendição do homem – 2

Ásia Menor
   Jogos Olímpicos e – 10
   Oligarquia e – 10
   Plutocracia e – 10
   Tirania e – 10

Astronomia,
   Informações de Iain Nicolson e – 2

Astros
   importância dos * para antigos mesopotâmios – 10

Atmosfera psíquica
   afinidade, mediunidade espontânea e – 5.3
   aura e – 5.3
   campo de forças e – 5.3
   características e – 5.3

Atmosfera vital
   características e – 5.2

Átomo
   George Lemaître e * primitivo – 2
   velocidade e – 3

Augústulo, Rômulo
   último imperador romano do Ocidente e – 9

## Aura
afinidade, mediunidade espontânea e – 5.3
atmosfera psíquica e – 5.3
características e – 5.3, 5.18
constituição da * em meio isótropo – 5.5
delimitação do mundo individual do Espírito e – 5.18
Espírito angélico e – 5.17
Espírito Superior e – 5.17
fluido mento-magnético e – 5.19
mente espiritual e – 5.18
raio mental e * planetária – 5.9
registros magnéticos e * planetária – 5.9
rejeição consciencial e – 5.7
vibrações luminosas da * espiritual – 5.17

## Aura do Cristo
visão e – 5.17

## Áureo, Espírito
Allan Kardec e – pref.
André Luiz, Espírito, e – pref.
eloquência e – pref.
Emmanuel, Espírito, e – pref.
existências fecundas e – pref.
historiografia de Além-Túmulo e – pref.
J.-B. Roustaing e – pref.
profecias e – pref.
revelações e – pref.
Universo e vida, e – pref.
veredas do Cristianismo e – pref.

## Áustria-Hungria
Tríplice Aliança e – 9

## Auto de fé de Barcelona
bispo católico e – 10

## Autor divino *ver* Deus

## Avesta
Ciro, o Grande, e compilação do – 6

# B

## Babilônia
centro comercial do Oriente e – 6

## Bacon, Francis
Novum, Organum, e – 10

## Batalha de Poitiers
Carlos Martel e – 9

## Bateria solar
processo de funcionamento e – 5.3

## Batista, o precursor
Chanceler da Justiça e – 2

## Becquerel
radioatividade e – 10

**Bem**
    almas afeitas ao – 1
    barreiras de interceptação infensas a luz do – 5.5
    criação de Deus e – 5.8, nota
    encarnação de tarefeiros do – 9
    mal, aviltamento do – 5.8, nota
    mal, deformação transitória do – 5.8
    mal, degenerescência do – 5.7, nota
    mente espiritual e serviço ao – 5.7
    sublimação e expansão da luz do – 5.17
    vitória e – pref.

**Benjamin**
    irmão de José, chanceler do Egito, e – 6

**Bento, missionário**
    conquista de grande número de bárbaros e – 9

**Bernard, Claude**
    fundador da Fisiologia geral e – 3

**Bertalanffy, Von**
    Problems of life e – 1
    Segunda Lei da Termodinâmica e – 1

**Bipolaridade**
    fenômenos físicos e – 5.11

**Bismarck**
    fundação do Império Alemão e – 9

**Bomba atômica**
    claridade da explosão e – 5.17

**Bonaparte, Napoleão**
    considerações sobre – 9
    herói nacional da França e – 9
    Paz de Campofórmio e – 9
    reorganização da Europa e – 9
    sede de absolutismo e – 9
    Waterloo e – 9

**Bondi**
    Teoria do estado estável e – 2

**Boutaric, professor**
    lei da conservação da massa e – 3
    Matéria, eletricidade e energia, e – 3

**Bramanismo**
    Índia e – 10

**Brasil**
    germinação do Espiritismo e – 10
    Guerra de Rosas e – 9
    Guerra do Paraguai e – 9

**Broglie, Louis de**
    Mecânica ondulatória e – 7
    raio de luz e – 7

Bruno, Giordano
    queimado pela Igreja e – 10

Buda(Sidarta)
    Índia e – 6, 10

# C

Cahill, físico
    descoberta de superátomos pesados e – 5.5

Calor
    propagação do * do Sol – 5.2

Calvin, Melvin
    origem da vida no planeta Terra e – 2

Caminho da luz, A
    alma coletiva dos povos e – 9
    anjo decaído e – 4
    atividade intelectual do século XIX e – 9
    bases de um mundo novo e – 9
    composição da Terra nos primeiros tempos e – 3
    definição das linhas de progresso da Humanidade futura e – 3
    Emmanuel, Espírito, e – 3
    escultura geológica do orbe terreno e – 3
    formação da crosta solidificada da Terra e – 3
    formação da Terra nas oficinas do Infinito e – 3
    Francisco Cândido Xavier e – 3
    intérpretes divinos do pensamento de Jesus e – 3
    Lua, ancora do equilíbrio terrestre e – 3
    missão dos povos futuros e – 9
    origem do hidrogênio e – 3
    primeiros habitantes da Terra e – 3
    primeiros passos da vida organizada e – 3
    regulamentos dos fenômenos físicos da Terra e – 3
    Tomé, apóstolo, e Codificação do Espiritismo – 9
    trabalho de associação dos espírito e – 9

Camarzan, cientista
    eletronografia e – 5.5

Campo eletromagnético
    condição espiritual e – 5.2
    halo e – 5.2

Campo psicoperispirítico
    radiações luminosas e – 5.2

Consolador da Humanidade
    Espiritismo e – 9

## Capacidade
Ciência e – 3
matéria-prima substancial e – 3
secreção mental e – 3

## Capacidade sensorial
condição para desenvolvimento da – 1

## Capela
Anjos decaídos e exilados de – 4
Espíritos banidos de *
  para Terra – 2
Espíritos indesejáveis e – 2
Homo sapiens e exilados de – 6
povos formados por Espírito
  exilados de – 9
raças adâmicas e exilados de – 6
retorno dos egipcianos para – 6
transferência de Espíritos
  de Sirius para – 2

## Carcinoma
formas-pensamentos e – 5.7

## Catarina de Médicis
Massacre de São
  Bartolomeu e – 10

## Cativeiro de Babilônia
transferência da sede do
  Papado e – 9

## Catolicismo
nascimento e – 9

## Cavalo
introdução do * na
  Ásia Menor – 6

## Célula
causa do crescimento do organismo e – 5.16
crescimento da * nervosa – 5.16
fóton e decomposição da – 5.17
síntese de substâncias orgânicas e * vegetal – 5.13

## Célula perispiritual

célula física e – 5.18

## Cérebro
córtex motor e – 4
lobos frontais e – 4
subconsciente, consciente,
  superconsciente e – 4

## Ceticismo
fundamentos do – 10

## Chadwick, James
nêutron e – 10

## Chanceler da Justiça
Batista, o precursor, e – 2

## China
Confúcio e – 10
grande civilização da velha – 6
Lao-Tsé e – 6, 10

## Chuva
transformação das nuvens em – 5.13

## Cidade espiritual
Câmaras de Ativação e – 4
Câmaras de Desenvolvimento Psíquico e – 4
Câmaras de Reciclagem e de Adaptação e – 4
crianças espirituais e – 4
Maternidades espirituais e – 4
mônadas e – 4
parteiros de consciências e – 4

## Ciência
aceitação da lei das reencarnações e – 8
conquistas fundamentais da * humana terrestre – 1
descoberta do Espírito e – 1
Energia divina e – 3
energia e * terrestre – 5.1
energia mental e – 3
espírita e estudo dos progressos da – 1
existência do Espírito e – 1
homens, esporte e – 2, nota
nascimento do Universo e – 2
natureza e * do mundo – 3
procura de Deus e – 1

## Ciro, o Grande
libertação do povo hebreu e – 6

## Cisma
excomunhão e – 9

## Civilização cristã
advento da – 9

## Civilização egipciana
florescimento da – 6

## Civilização Khmer
idade de ouro e – 9

## Coesão
causa do fenômeno de – 3

## Colégio Crístico
encarnação de tarefeiros do bem e – 9

## Companhia de Jesus
Inácio de Loyola e – 10

## Comte
Positivismo e – 10

## Concílio de Trento
Igreja Romana e – 10

Concílio de Verona
    Inquisição e – 9

Confissão de Augsburgo
    Phillip Melanchthon e – 10

Consciência
    conflito mental e – 5.7
    Grande síntese, A, e – 4
    instinto, razão e – 4
    marcha do princípio espiritual para aquisição da – 6
    princípio espiritual e crisálida de – 3
    responsabilidade e nível de – 5.14
    Sua Voz, Espírito, e – 4
    viagem da * humana para o reino angélico – 3

Consciente
    conquista atuais e – 4
    Grande síntese, A, e – 4
    Sua Voz, Espírito, e – 4

Constantinopla
    queda de – 9

Copérnico, Nicolau
    Revolutionibus orbium coelestium, De, e – 10

Cornu
    difração da luz e – 5.12
    espiral de – 5.12

Corpo espiritual *ver* Perispírito

Corpo humano
    constituição atômica e – 5.13
    energia necessária ao funcionamento do – 5.16
    radiações luminosas e – 5.2

Criador *ver* Deus

Crisálida de consciência
    cristal e – 4
    princípio espiritual e – 3

Cristal
    crescimento e – 5.16
    crisálida de consciência e – 4

Cristianismo
    fortalecimento e espraiamento do – 9
    regeneração e – 9
    religião oficial do Império Romano e – 9
    restauração do verdadeiro – 9

Cristo *ver* Jesus

Cristos
    considerações sobre – 7

Cronografia
    tábuas historiográficas e – 6

Cruz, João da
   exemplos de virtude e – 10

Cruzada(s)
   desastre militar e – 9
   Eugênio III, papa, e – 9
   fracassos e – 9
   Luiz IX, da França, e – 9
   quarta – 9
   terceira – 9
   Urbano II, papa, e – 9

Cultura humana
   primeiras universidades europeias e – 9

Curie, casal
   radioatividade e – 10

Curie, Irene
   materialização da energia radiante e – 7

# D

D'Alembert
   Enciclopédia, e – 10

D'Ávila, Tereza
   exemplos de virtude e – 10

Darwin
   evolução das espécies e – 5.1
   hierarquia das complexidades e – 5.1
   Origem das espécies por via de seleção natural, A, e – 10

Decálogo *ver* também
Dez mandamentos
   mensagem mediúnica e – 10

Declaração dos direitos
   Inglaterra e – 9

Demócrito
   estrutura atômica da matéria e – 10

Demônio
   juiz e – 5.15
   milagres tecnológicos e – 5.15

Desagregação atômica
   matéria, energia e – 5.1

Descartes, René
   Geometria analítica e – 10

Desencarnação
   problema de alimentação do perispírito e – 5.11
   registros da memória e – 5.7

Destino
  homem e estabelecimento
    e retificação do – 5.9

Determinismo
  Grande síntese, A, e – 4
  Sua Voz, Espírito, e – 4

Deus
  alma de nossa alma e – 5.20
  atributos de – 5.2, 5.20
  bem, criação de – 5.8, nota
  Ciência e procura de – 1
  Criação infinita e – 2
  fluido cósmico e – 5.20
  Hausto divino e – 5.20
  magnificência de – 1
  pensamento de – 5.6
  sabedoria de – 4
  viagem do Espírito para – 5.20

Dez mandamentos ver
também Decálogo
  fundações da Civilização
    do Espírito e – 10
  Moisés e – 6

Diderot
  Enciclopédia, e – 10

Divindade
  tempo e – 5.4

Dirac, Paul Adrian
Maurice, físico
  antielétron e – 1
  buraco no oceano cósmico e – 1
  realidades do Mundo
    Espiritual e – 7
  teoria da relatividade, Mecânica
    ondulatória e – 1

Direction of time, The,
Hans Reichen-Bach e – 1

Discriminação racial
  nascimento da – 6

Divino Mestre *ver* Jesus

Divulgação plena
  impedimento e – pref.

Dor
  coração augusto de Jesus e – 12
  dissolvente do mal e – 5.7
  homens e espectro da – 7
  purificação do sexo pela – 5.8

Dor moral
  Literatura cristã espírita e – 7

Doutrina Espírita
ver Espiritismo

DNA (ácido desoxirribonucleico)
  acaso e – 2
  Goulian e – 2
  Kornberg e – 2
  tijolos químicos e – 2

Dragão
  Poderes celestes e – 5.15

Dumitrescu, cientista
  eletronografia e – 5.5

# E

Eco
  pensamento, sentimento e fenômeno do – 5.3

Eddington, Arthur, Sir
  Natureza do mundo físico, A, e – 1

Edito de Milão
  liberdade de culto e – 9, nota

Edwin Hubble
  fugas das galáxias e – 1

Egeia
  aqueus e – 10
  cicladenses e – 10
  cretenses e – 10
  dórios e – 10

Einfluss Archetypischer

Worstellungen auf die Bildung

Naturwissenschaftlischer, Der. Theorien bei Kepler
  Wolfgang Pauli e – 1

Einstein, Albert
  equações e – 1
  fóton e – 5.5
  lei da equivalência de matéria e energia e – 5.2
  Max Planck e saudação de – 2, nota
  teorias da relatividade e – 10
  Universo finito e ilimitado e – 1

Elcano, Sebastião
  prova da redondeza da Terra e – 9

Elétron
  multiplicação e – 5.17

Eloquência
  Blaise Pascal e – pref.
  significado da palavra – pref.

## Emmanuel, Espírito
Áureo, Espírito, e – pref.
caminho da luz, A, e – 3
surgimento da vida na Terra e – 3

## Empirismo
fundamentos do – 10

## Encarnação
necessidade da * carnal – 4, nota
objetivo e – 4, nota
perispírito e * fluídica – 4, nota
possibilidade de * de Espírito em corpo de irracional – 7
possibilidade de * de um cristo em Espírito humano – 7
primeiros Espíritos conscientes e * na Terra – 6
queda espiritual e * carnal – 4, nota
retrocesso e * dos exilados de Capela – 4

## Energia
conversão da matéria em – 5.1
definição e – 3
diferença entre * e matéria – 3
emissão e absorção de – 5.5
emoções, sentimentos e – 5.1
energização das ideias e * mental – 5.1
evolução e – 5
fenômenos eletromagnéticos e – 5.1
funcionamento do corpo humano e – 5.16
geração e – 2
luz, mais nobre forma de – 5.2
massa, pacote de * concentrada – 1
matéria e – 3
origem da * que mantém vivos os seres – 5.10
pensamento e * mental – 5.1
produção da * calorífica – 5.16
tecido perispiritual e * mental – 5.1

## Energia calorífica irradiada ver Calor

## Energia radiante
constituição e – 7
propagação e – 5.2

## Energia vital
considerações sobre – 5.18

## Era paleolítica
inumação e – 10

## Eratóstenes
primeira medição da circunferência terrestre e – 10

## Escala evolutiva
aperfeiçoamento da capacidade sensorial e – 7

percepção, sensação e ascensão na – 7

Espaço
mundo objetivo do * e do tempo – 1

Espaço-tempo
curvatura e – 5.9
movimento do * em círculos concêntricos – 5.9
profecia e – 5.9

Espírita
Espiritismo e – 1
estudo e progressos da Ciência e – 1
ideia * e trabalho educacional – 11
missão do – 1
objetivo do – 1
progresso humano e – 1
proselitismo e – 1

Espiritismo
Amicis, fisiologista, e – 10
Arqueologia – 11
Astronáutica – 11
Astronomia – 11
Boutlerow, professor da Universidade de São Petersburgo, e – 10
características e – 11
Consolador da Humanidade e – 9, 10
Crookes, William, sábio, e – 10

dolorosos acontecimentos e – 10
Edmonds, juiz, Presidente da Suprema Corte dos Estados Unidos, e – 10
Espírito da Verdade e – 10
Evangelho de Jesus e – 11
face mais bela da missão do – 11
Filosofia – 11
finalidade e – 11
Física – 11
fundamentos e – 11
Geologia – 11
germinação do * no Brasil e – 10
Gerosa, físico, e – 10
História – 11
Linguística e – 11
Lógica – 11
Lombroso, criminalista italiano, e – 10
Medicina psiquiátrica e – 11
missão e – 11
Morgan, A. De, Presidente da Sociedade Matemática de Londres, e – 1
novo Pentecostes e – 10
Ostrogradsy, professor da Universidade de São Petersburgo, e – 10
Pedagogia e – 11
Prel, Carl du, filósofo, e – 10
Psicanálise e – 11
Psicologia e – 11
Schiaparelli, astrônomo diretor do Observatório de Milão, e – 10
Seckner, professor da Universidade de Leipzig, e – 10
Sociologia – 11

sublimação moral e – 5.1
sublime Paracleto e – 10
testemunhos insuspeitos e – 10
Tomé, apóstolo, e codificação do – 9
Torres-Solanot, visconde espanhol, e – 10
Tríplice aspecto e – 11
Ulrici, professor da Universidade de Leipzig, e – 10
Weber, professor da Universidade de Leipzig, e – 10
Zöllner, astrônomo alemão, e – 10

Espírito angélico
   aura e – 5.17

Espírito composto
   Espírito não puro e – 5.3

Espírito cósmico
   Jesus e – 7

Espírito desencarnado
   alimentação e – 5.11
   atividades parasitárias obsessivas e – 5.11

Espírito encarnado
   alimentação de perispírito e – 5.11
   desdobramento sonambúlico e – 7

Espírito imperfeito
   Satanás e – 4

Espírito puro
   Cristo e – 7
   encarnação e – 7

Espírito revoltado
   consequência da influência moral de – 6

Espírito Superior
   aura e – 5.17
   coerência dos ensinos e – 4

Espírito(s)
   adensamento da mente e – 4
   adensamento do perispírito e – 4
   afloramento do automatismo dos instintos e – 6
   aperfeiçoamento do perispírito e – 6
   aproximação do * da matéria densa – 4
   automatismos e – 5.4
   benção do mundo íntimo e – 5.5 causa do estado de selvageria e – 6
   Ciência e descoberta do – 1
   Ciência e existência do – 1
   conceito de – 3
   condução do fluido magnético e – 5.18
   considerações sobre – 11
   construção do cosmo individual e – 5.4
   delimitação do mundo individual do – 5.18

educação do * no estado
de simplicidade – 4
elevação do * e fluidos puros – 4
encarnação de * em corpo de irracional – 7
encarnação dos primeiros * conscientes – 6
entrada na vida espiritual e – 4
escolha do mundo e encarnação do – 4
estabelecimento e retificação do destino e – 5.9
estado de letargia e – 4
estruturação da própria aura e – 5.18
estudo dos fluidos e – 4
fase da Humanidade e – 4
hipnose obsessiva e – 5.14
infância espiritual e – 4
grau de culpabilidade e – 4
Lei de Causa e Efeito e – 4
livre-arbítrio e – 3, 4
Livro dos espíritos, O, e criação dos – 4, nota
maldade, bondade e – 5.14
manutenção e enriquecimento do – 5.16
matéria-prima do Universo e – 1
pensamento e metabolismo do * evolvido – 5.16
plenitude das faculdades do – 4, nota
primeira lição do – 4
processo de alimentação dos * inferiores – 5. 10
processo de alimentação dos * superiores – 5. 10
reino animal e – 4
reino humano e – 4
situação dos * em sua origem – 4
solidariedade entre grandes – 2
Terra e * guardiães – 2

## Espiritocracia Evangélica
Terra e – 12

## Essência espiritual *ver* Principio espiritual

## Estados Unidos da América do Norte
Guerra de Secessão e – 9
independência e – 9
liderança mundial mais efetiva e – 9
problemas internos e – 9
programa de expansão territorial e – 9

## Estética
modelo de arte e conduta e – 8

## Estrela
formação e – 2
gigante vermelha, supernova e – 2

## Estudo humano
velocidade do – 1

Eterno *ver* Deus

Ética
  precários conceitos filosóficos e – 8

Euclides
  Elementos, obra, e – 10
  Escola de Alexandria e – 10

Europa
  Inglaterra, a grande marinheira e – 9
  invenções e – 9
  livros do Velho Mundo e – 9
  reorganização e – 9
  situação da * no início
    do século IX – 9

Evangelho
  aceitação e vivência dos princípios morais do – 1
  desprezo pelo * de Jesus – 9
  Lei da Vida e * de Jesus – 9
  maioridade espiritual do homem e – 1

Evolução
  energia e – 5
  esquema do processo de – 5.3
  entendimento do processo de – 4

Evolução em dois mundos
  André Luiz, Espírito, e – 3
  princípio espiritual e – 3

  razão, responsabilidade e – 3
  reflexo, instinto e – 3
  tato, princípio inteligente e – 3
  visão, olfato, gosto, sexo e – 3

Expiação
  conceito de – 5.7
  finalidade e – 5.7
  vicissitudes da existência
    corporal e – 4, nota

Extrusão
  significado da palavra – 3

# F

Faculdade psicobiofísica
  desenvolvimento racional e – 1

Faraday, Michael
  indução eletromagnética e – 10

Fé
  Universo e vida, e * raciocinada – pref.

Fenícia
  invenção do alfabeto e – 6
  Sidon, Tiro e – 6

Fenômeno eletromagnético
  energia mental e – 5.1

Fenomenologia mediúnica
  fluido mento-magnético e – 5.19

Feudalismo
  abalo das bases do – 9

Física
  faixas de frequências desconhecidas da * oficial – 5.5
  sistema isolado e – 5.2

Feynman, Richard Phillips, físico
  diagramas de – 1
  Física terrestre e – 1
  Hans Reichen-Bach e teoria de – 1
  medalha Einstein e – 1
  Pósitron e – 1
  reversão do tempo e – 1
  transposições temporais e – 1

Filho da Luz
  Filho da Treva e – 5.17

Filho de Maria *ver* Jesus

Filosofia
  compreensão da Moral de Jesus e – 8
  coonestação de regimes políticos e – 8
  Índia e nascimento da – 6
  Moral evangélica e – 8

Filosofia espírita
  progresso espiritual e – 4
  razão e – 4

Filosofia religiosa espírita
  antigas noções de Céu e – 11

Firsoff, V. A, astrônomo
  espaço-tempo diferente e – 1, 3
  Life, mind and galaxies, e – 1
  mindons e – 1
  partículas elementares do material espiritual e – 1
  velocidade da luz e – 1

Física
  Arthur Koestler e perplexidade da – 1
  Bertrand Russel, matemático, filósofo e – 1
  Segunda Lei da Termodinâmica e * clássica – 1
  Werner Heisenberg e determinismo da – 1

Fleming
  penicilina e – 10

Fluido
  conceito de – 3

Fluido animal *ver*
Fluido mento-
  magnético
  Fluido cósmico
  função e – 5.20
  origem e – 5.20

Fluido magnético
  constituição do – 5.18
  Espírito e condução do – 5.18

Fluido mento-magnético
  aura e – 5.19
  citoplasma e – 5.19
  fenomenologia mediúnica e – 5.19
  função e – 5.19
  passe magnético e – 5.19
  pensamento e – 5.19

Fluido puro
  elevação do Espírito e – 4

Fluido universal
  Quatro evangelhos, Os, e – 3

Fluido vital *ver* Fluido mento-magnético

Força transcendental
  ondas eletromagnéticas e – 5.6

Fóton
  Albert Einstein e – 5.5

  características e – 5.17, nota
  decomposição das células e – 5.17, nota
  velocidade e – 5.17

Fotossíntese
  conceito de – 5.10
  energia luminosa e – 5.10
  vegetais e – 5.10

Fox, Sidney
  origem da vida no planeta Terra e – 2

Framework of Modern Science, The,
  Henry Margenau e – 1

França
  Comuna e – 9
  Declaração de Filadélfia e – 9
  dívidas cármicas e – 9
  erros da sociedade e da política e – 9
  Espíritos reformadores na – 9
  Governo Republicano e – 9
  governo socialista e – 9
  guerra contra a Áustria e a Prússia e – 9
  instrumentos ativos do Mundo Espiritual na – 9
  Napoleão Bonaparte e – 9
  primeira potência militar da Europa e – 9
  proclamação da República e – 9

Terceira República e – 9
Tríplice Entente e – 9
tutora dos povos e – 9

Francisco de Assis, o seráfico
Ordem dos Irmãos Menores e – 9
reencarnação de João, o
  evangelista, e – 9

Fraunhofer
difração das ondas eletromagnéticas e – 5.12

Fresnel
difração das ondas eletromagnéticas e – 5.12

Freud
Sociedade Psicanalítica
  de Viena e – 10

# G

Galilei, Galileu
leis do movimento e – 10

Galáxia
construção e – 5.20
formação e – 2
lei de Hubble e – 2
nascimento e – 5.13
telescópio e detecção de – 2

Gênio espiritual
Abraão e – 2
Ana e – 2
Batista e – 2
Buda(Sidarta) e – 2, 10
Confúcio e – 2, 10
Daniel e – 2
Davi e – 2
Elias e – 2
Ésquilo e – 2
Fo-Hi e – 2
Heródoto e – 2
Isaac e – 2
Izabel e – 2
Jacó e – 2
João, o Evangelista, e – 2
José, o carpinteiro, e – 2
José, o chanceler do Egito, e – 2
Lao-Tsé e – 2, 10
Mahatma da velha Índia e – 2
Moisés e – 2
Paulo de Tarso e – 2
sacerdote do Antigo Egito e – 2
Salomão e – 2
Santa Mãe Maria e – 2
Simão Pedro e – 2
Simeão e – 2
Sócrates e – 2
Zacarias e – 2

Gentry, físico
descoberta de superáto-
  mos pesados e – 5.5

Geração espontânea
  origem da vida no planeta Terra e – 2
  Pasteur e – 2

Gilbert, William
  Magnete, De, e – 10

Glândula perispirítica
  hipófise e – 5.10
  hormônio e – 5.10

Gold
  Teoria do estado estável e – 2

Goulian
  ácido desoxirribonucleico (DNA) e – 2
  origem da vida no planeta Terra e – 2

Governador da Terra *ver* Jesus

Governo da Vida
  inteligência rebeladas e – 5.15

Governo espiritual
  condições morais da Terra e – 1

Governo espiritual do mundo
  aparecimento de Jesus na Terra e – 6

Grande síntese, A,
  consciência e – 4
  consciente e – 4
  instinto e – 4
  razão e – 4
  Sua Voz, Espírito, e – 3, 4
  subconsciente e – 4

Grandes religiões, As,
  Aegerter, Emmanuel e – 10

Granger, Gilles-Gaston, professor
  conceito de evolução e – 4
  ideias de Aron e – 4
  ideias de Bergson e de Brunschvicg e – 4
  ideias de Cassirer e de Chestov e – 4
  ideias de Cournot e – 4
  ideias de Lefebvre e – 4
  ideias de Pradines e de Sartre e – 4
  Psicossociologia da Razão Mannheim, Piaget e – 4
  Racionalismo na História da Filosofia, Platão, Marx e – 4 Razão, A, e – 4

Gravidade
  neutrino e campos de – 1

Grécia
  Atenas, Esparta, alfabeto grego e – 6

Século de Péricles e – 6

Guerra de Rosas
    Brasil e – 9

Guerra de Secessão
    Estados Unidos da América do Norte e – 9

Guerra do Paraguai
    Brasil e – 9

Guerra dos Cem Anos
    Europa e – 9

Guerra dos Trinta Anos
    horrores da – 9

Guerra Santa
    início da – 9

# H

Hahnemann, Christian Friedrich Samuel
    Homeopatia e – 10

Halo *ver* Campo eletromagnético

Halo vital *ver* Aura

Harmonia
    Éfeso, Heráclito e * dos contrários – 10

Hausto divino
    Deus e – 5.20

Hebreu
    Ciro e libertação do povo – 6
    considerações sobre o povo – 6
    divisão do povo * nos reinos de Judá e Israel – 6
    Nabucodonosor povo e – 6

Hedonismo
    fundamentos do – 10

Heisenberg, Werner
    determinismo na Física e – 1
    Mecânica quântica e – 10
    Princípio da Incerteza e – 1

Hélio
    conversão do hidrogênio em – 2, 5.13

**Heliópolis, cidade do Egito**
  colégio sacerdotal e – 10
  cosmogonia simbólica e – 10

**Hesíodo**
  Teogonia, poema, e – 10
  trabalhos e os dias, Os, poema, e – 10

**Hidrogênio**
  conversão do * em hélio – 2, 5.13
  origem do – 3

**Hinduísmo**
  origem do – 10

**Hiparco**
  distância e tamanho da Lua e do Sol e – 10

**Hipófise**
  glândula perispirítica – 5.10

**História**
  civilizações terrestres e – 6
  primeiros surtos de civilização e – 6

**Holanda**
  independência e – 9

**Homicídio**
  frutos venosos da maldade e – 12

**Homem**
  aspecto psíquico do * na Terra – 1
  capacidade de destruição do * encarnado – 5.15
  condição para posse do principado divino e – 1
  desenvolvimento das capacidades sensoriais e – 1
  engenhos de destruição e – 9
  esporte, * e Ciência – 2, nota
  grandeza da Criação e – 2
  instinto animal e – 4
  magnificência de Deus e – 1
  maioridade espiritual do * e Evangelho de Jesus – 1
  orgulho e – 2
  príncipe de luz e * problema – 5.8
  produção de micro-ondas e – 5.9
  progresso da Astronomia e – 2
  verme humilde e * problema – 5.8

**Homem pré-histórico**
  preocupação com a sobrevivência dos Espíritos e – 10

**Homero**
  Ilíada, poema, e – 10
  Odisseia, poema, e – 10

**Homo sapiens**
  exilados de capela e – 6
  surgimento do – 6

**Hoyle**
  Teoria do estado estável e – 2

Hubble, Edwin
    fugas das galáxias e – 1

Humanidade
    definição das linhas de progresso da * futura – 3

Huygens, Christian Huygens
    teoria da natureza ondulatória da luz e – 10

# I

Iaktsk
    Júpiter e conclusões de – 1

Idade Média
    Escolástica e – 10
    início e – 9

Igreja Católica
    falência e – 9

Igreja Romana
    Concílio de Trento e – 10
    excesso de abuso e – 10
    Girolamo Savonarola e – 10
    poder político do mundo e – 9
    Questão das Indulgências e – 10

Império Alemão
    Bismarck e – 9

Império Árabe
    expansão do – 9

Império Bizantino *ver* Império Romano do Oriente

Império Cristão
    Carlos Magno e – 9

Império Menfita
    Zoser, Faraó, e – 6

Império Neopersa
    Artaxerxes e – 9

Império Romano
    considerações sobre – 6
    divisão e – 9
    falência e – 9
    leis de Canuleia e de Ogúlnia e – 6
    revivescência e – 9
    surgimento e – 6

Império Romano do Oriente
    restabelecimento e – 9

Império Tinita
    Menés e – 6

## Inácio de Loyola
Companhia de Jesus e – 10

## Índia
Bramanismo e – 10
Budismo e – 10
Buda(Sidarta) e – 6, 10
nascimento da Filosofia
  e religião e – 6
textos védicos, Aranyakes,
  Bramanas, Upanishads e – 10

## Indigestão psíquica
remorso e – 5.7

## Infância espiritual
Espírito e – 4

## Inglaterra Imperial
Índia, China, África e – 9
Tratado de Berlim e – 9

## Inglaterra, a grande marinheira
Anglicanismo e – 10
banqueira do mundo e – 9
monopólio do comércio e – 9
Tríplice Entente e – 9

## Inquisição
bases eclesiásticas e – 9
Concílio de Verona e – 9
Jerônimo de Praga e – 9
Joana d'Arc e – 9
Jan Huss e – 9

## Instinto
consciência, * e razão – 4
Grande síntese, A, e – 4
homem e * animal – 4
Livro dos espíritos, O, e – 4
pensamento e – 4
razão humana e – 4
Revelação da revelação, e – 3
Sua Voz, Espírito, e – 4
transformação do * em inteligência consciente – 4

## Inteligência
transformação do instinto
  em * consciente – 4

## Intuição
Universo e vida, e – pref.

## Itália
ambições imperialistas e – 9
Fascismo e – 9
Tríplice Aliança e – 9
unificação e – 9

# J

## Japão
liderança mundial mais
  efetiva e – 9

Jastrow, Robert
   artigo publicado pelo
      Jornal do Brasil e – 2
   nascimento do Universo
      e – 2, nota

Jeans James, *Sir*
   Conferências de rede e – 1
   Mysterious universe, The, e – 1

Jerusalém
   destruição do templo de – 9
   reconquista e – 9

Jesus
   alimento espiritual e – 5.10
   Ana e – 2
   aparecimento de * na Terra – 6
   apresentação visível e tangível e – 7
   avaliação da grande-
      za do Espírito e – 8
   brilhe a vossa luz e – 5.6
   comunicabilidade entre mun-
      dos espirituais e – 8
   Consolador Prometido por – 11
   contribuição de * na Ciência,
      Filosofia e Direito – 8
   coração augusto de * e dor – 12
   curas e – 8
   definição das linhas de progresso
      da Humanidade futura e – 3
   deturpação dos ensinos de – 9
   direito de propriedade e – 8
   direitos humanos e – 8
   embuste e – 7
   escravatura e – 8
   esposa de Zebedeu e – 2
   Filho do Homem e – 7
   filhos da luz e – 5.14
   formas dos seres primitivos e – 3
   germe sagrado dos primei-
      ros homens e – 3
   inferioridade biotipológica e – 8
   intérpretes divinos do pen-
      samento de – 3
   Isabel e – 2
   José, o carpinteiro, e – 2
   legado e – 8
   lei das reencarnações e – 8
   Lei de Causa e Efeito e – 8
   materialização e – 7
   messianato e – 8
   moradas da casa do eter-
      no Pai e – 2
   paternidade univer-
      sal de Deus e – 8
   personalidade de – 8
   pluralidade dos mun-
      dos habitados e – 8
   regulamentos dos fenôme-
      nos físicos da Terra e – 3
   retificação de concei-
      tos errôneos e – 8
   Santa Mãe Maria e – 2
   Simeão e – 2
   sofrimento e – 7
   tangibilização e – 7
   única esperança e – 10
   Zacarias e – 2

João, evangelista
  apocalipse e – 9
  reencarnação e – 9

Joliot, Frédéric
  materialização da energia radiante e – 7

Jornal do Brasil
  Robert Jastrow e artigo no – 2

José
  chanceler do Egito e – 6
  Faraó do Egito e – 6
  filho de Jacó e – 6
  sonho premonitório e – 6

Júpiter, planeta
  energia do Sol e – 1
  novo sol e – 1

Justiça
  Natureza e – 5.2

# K

Kant, Immanuel
  considerações sobre – 10

Kardec, Allan
  Áureo, Espírito, e – pref.

livro dos espíritos, O, e – 4

Kepler, Johannes
  movimento planetário e – 10

Kírlian, Semyon, cientista
  fotografia das radiações luminosas e – 5.5

Koestler, Arthur
  perplexidade da Física e – 1
  Prêmio Sonning e – 1
  Razões da coincidência, As, e – 1
  teoria da relatividade e – 1

Kornberg
  ácido desoxirribonucleico (DNA) e – 2
  origem da vida no planeta Terra e – 2

# L

Lacan, Jacques
  Psicanálise e – 10

Lama psicofísica
  inteligências perversas e – 5.4
  mente e – 5.4

Lao-Tsé
    China e – 6
    código moral e – 6
    Confúcio e – 6

Lar
    obsessivos comensais e – 5.11

Lavoisier, Antoine
    natureza da combustão e – 10

Lei da conservação da massa
    princípio da conservação da energia e – 3

Lei da equivalência de matéria e energia
    Albert Einstein e – 5.2

Lei da Vida
    abrangência da – 5.12

Lei de Causa e Efeito
    mecanismos de livre-arbítrio e – 5.9
    Quatro evangelhos, Os, e – 4

Lei de Deus
    Amor e – 5.5

Lei de Hubble
    afastamento das galáxias e – 2

Lei do Amor
    necessidade de assimilação da – 5.12

Leibniz, Gottfried Wilhelm
    mônadas primevas e – 10

Lemaître, George
    átomo primitivo e – 2

Leucipo
    causalidade natural dos fenômenos naturais e – 10

Liberdade
    fagulha divina do pensamento e da – 9
    Grande síntese, A, e – 4
    responsabilidade e – 4
    Sua Voz, Espírito, e – 4

Libertação,
    André Luiz, Espírito, e – 3
    Humanidade e – 3
    ignorância, responsabilidade e – 3

Life, mind and galaxies,
    V. A. Firsoff e - 1

Liga de Smakalde
    protestantes, guerras religiosas e – 10

## Literatura grega
Ilíada, poema, e – 10
nascimento e – 10
Odisseia, poema, e – 10
Teogonia, poema, e – 10
Trabalhos e os dias, Os,
　poema, e – 10

## Livre-arbítrio
Espírito e – 3
Livro dos espíritos, O, e – 4
mecanismos de * e Lei de
　Causa e Efeito – 5.9
Quatro evangelhos, Os, e – 3
queda do homem, peca-
　do original e – 4
razão e – 4
Revelação da revelação, e – 3
vontade e – 4

## Livro dos espíritos, O
Allan Kardec e – 4
constituição física dos diferen-
　tes mundos e – 4, nota
criação dos Espíritos e – 4
formação do Espírito e – 4, nota
formação dos seres vivos e – 3
instinto e – 4
primeira edição e – 10
queda do homem, peca-
　do original e – 4
razão, livre-arbítrio e – 4

## Lógica
bases racionais e – 10

Evangelho aplicado e – 8

## Lowe
sondas espaciais Pioneer e – 1

## Lua
âncora do equilíbrio terrestre e – 3

## Lucas, evangelista
quatro evangelhos, Os, e – 4
relatos de – pref.
veredas do Cristianismo e – pref.

## Luiz, André
Áureo, Espírito, e – pref.
Evolução em dois mundos, e – 3
Libertação, e – 3
Mecanismos da mediu-
　nidade, e – 1
mundo maior, No, e – 4

## Luz
Amor e * divina – 5.12
barreiras de interceptação in-
　fensas a * do bem – 5.5
características e – 5.17
conceito de – 5.5
difração da * divina – 5.12
difração da * e Cornu – 5. 12
forma de energia e – 5.2
Mundo Espiritual e in-
　fluência da – 5.17
pensamento e – 5.6
propagação e – 5.5

sublimação e expansão da
  * do bem – 5.17
velocidade da – 2, 5.4
vibrações do pensamento e – 5.17

Luz espiritual
  importância da emissão da – 5.12
  propagação e – 5.2

# M

Macedo, Horácio
  Dicionário de Física e – 7
  ressonância e – 7
  ressonância magnética e – 7

Magalhães, Fernão de
  passagem para o Oriente e – 9

Magnetismo
  considerações sobre – 5.13

Magno, Carlos
  bases do feudalismo medieval e – 9
  Imperador do Ocidente e – 9
  império cristão e – 9

Mal
  amor, transformador do – 5.7
  aviltamento do bem e – 5.8, nota
  conceito de – 5.7, nota
  deformação transitória do bem e – 5.8
  degenerescência do bem e – 5.7, nota
  dor, dissolvente do – 5.7
  importância da emissão da luz espiritual e – 5.12
  recursos tecnológicos e gênios do – 5.15
  renúncia ao – 1
  repercussão do pensamento no – 5.6
  transitoriedade e – 5.8
  uso da mediunidade para o – 11

Manes
  Babilônia e – 10

Maomé, missionário
  doutrina de violência e intolerância e – 9
  fundação de Estado teocrático e imperialista e – 10
  honroso compromisso e – 10

Marcos, evangelista
  (9:19) e – 7

Margenau, Henry, professor de Física
  Framework of Modern Science, The, e – 1

Maria de Nazaré
  Advogada da Humanidade e – 2
  ligação biopsicofisiológi-
    ca com a carne e – 7

Martel, Carlos
  Batalha de Poitiers e – 9

Marx, Carl
  Materialismo dialético e – 10

Massa
  pacote de energia con-
    centrada e – 1

Massacre de São Bartolomeu
  Catarina de Médicis e – 10

Matéria
  anverso antimaterial e – 3
  baixo estágio da ener-
    gia universal e – 7
  conversão da * em energia – 5.1
  definição de – 3
  Demócrito e estrutu-
    ra atômica da – 10
  densidade média e – 1
  diferença entre * e energia – 3
  energia e – 3
  morte e – 1
  perispírito e – 4
  princípio cinético e – 3
  solidez e – 3
  velocidade e – 3

Matéria mental
  princípios fundamentais e – 5.10

Matéria, eletricidade e energia,
  Boutaric, professor, e – 3

Materialismo
  camisa de força e – 1
  Karl Marx e * dialético e – 10

Materialização
  considerações sobre – 7
  Jesus e – 7

Maternidade
  sexo e – 5.8

Mateus
  Quatro evangelhos, Os, e – 4

Mateus
  pecado, blasfêmia e – 11

Mecânica ondulatória
  Louis de Broglie e – 7

Mecânica quântica
  natureza ondulatória-cor-
    puscular da luz e – 5.5

Mecanismos da mediunidade,
  André Luiz e – 1

matéria e – 1

Medicina
 Mento-terapia espírita e – 11
 nova era de saúde e – 8

Medicina espírita
 utilização dos poderes anímicos e – 8

Médico Divino *ver* Jesus

Mediterrâneo oriental
 fenícios e – 10

Médium
 ardilezas do Mundo Invisível negativo e – pref.
 perseverança, idealismo e – pref.

Mediunidade
 pioneiros da – 10
 uso da * para o mal – 11

Melanchthon, Phillip
 Confissão de Augsburgo e – 10

Memória
 arquivamento das experiências e – 5.7
 desencarnação e – 5.7
 registros da – 5.7

Mendel, Gregor
 leis fundamentais da Genética e – 10

Mensagem do Cristo divino
 compreensão da – 8

Mente
 característica divina do ser humano e – 5.8
 centro cerebral e – 5.19
 comando da vida e – 5.6
 eternidade e – 5.8
 função e – 5.8
 lama psicofísica e – 5.4
 luz e – 5.8
 marcha evolutiva e – 5.4
 sede da – 5.19
 sexo, reflexo da – 5.8

Mente espiritual
 alimentação e – 5.16
 aura e – 5.18
 comando da nova personalidade humana e – 5.18
 harmonia e desarmonia orgânicas da personalidade e – 5.18
 pensamento e – 5.19
 renovação e – 5.4
 saúde e doença do corpo material e – 5.18
 saúde e doença do perispírito e – 5.18
 serviço ao bem e – 5.7
 vida fisiopsicossomática e – 5.16

Mesopotâmios
   astros e – 10
   considerações sobre – 10

Messias Divino *ver* Jesus

Mestre *ver* Jesus

Metabolismo
   conceito de – 5.10
   pensamento e * do Espírito
      evolvido – 5.16

Micro-ondas
   homem e produção de – 5.9

Miller, Stanley
   origem da vida no pla-
      neta Terra e – 2

Mindon
   espaço físico e – 1
   espaço mental e – 1
   Life, mind and galaxies, e – 1
   V. A. Firsoff, astrônomo, e – 1

Miniaturização
   perispírito e – 5.18

Mitologia
   libertação e – 10

Moisés
   dez mandamentos e – 6
   fé monoteísta e – 6
   Jacó, Elias, Batista e – 2
   Primeira Grande Revelação e – 10
   proteção de Termútis e – 6

Mônada espiritual
   cidades espirituais e – 4
   protoplasma e – 3

Monoideísmo
   noúres e – 5.14
   revolta e – 5.7

Monte Palomar
   telescópio e – 2

Montesquieu
   espirito das leis, O, e – 10

Moradas da casa do eterno Pai
   Escolas das Almas e – 2
   Filhos do Criador e – 2
   Grande família universal e – 2
   Grandes laboratórios
      do Infinito e – 2
   Grandes Oficinas do Espírito e – 2
   Grandes Universidades e – 2

Moral evangélica
   Filosofia e – 8

Morte
    merecimento, intercessão
        e * fisiológica – 12
    reencontro das almas e – 12
    transmutação incessante e – 5.4

Mundo(s)
    categorias de * habitados – 4
    constituição física dos diferentes – 4, nota
    criação dos – 4
    escolha da encarnação
        do Espírito e – 4

Mundo corporal
    inexistência e – 4, nota
    mundo espírita e – 4, nota

Mundo corpóreo *ver*
Mundo corporal

Mundo espírita *ver*
Mundo Espiritual

Mundo Espiritual
    influência da luz e – 5.17
    instrumentos ativos do
        * na França – 9
    mundo corporal e – 4, nota

Mundo maior, No,
    André Luiz, Espírito, e – 4
    crisálida de consciência e – 4

sistema nervoso e – 4

Mundo primitivo
    encarnação de Espíritos presunçosos e revoltados e – 4
    Quatro evangelhos, Os, e – 3

# N

Napier, John
    logaritmos e – 10

Natureza
    ciência do mundo e – 3
    justiça e – 5.2

Natureza do mundo físico, A,
    Arthur Eddington, Sir, e – 1

Neutrino
    campos de gravidade e – 1
    F. Reines e – 5.9, nota
    Wolfgang Pauli e – 5.9, nota

Newton, Isaac
    considerações sobre – 10

Nicolson, Iain
    informações de * no livro Astronomia, – 2

Nova Revelação *ver*
Espiritismo

Novo Mundo
    líderes dos movimentos
        de libertação e – 9

# O

Oceanos
    formação dos primeiros – 3

Oceano cósmico
    Paul Adrian Maurice Dirac,
        físico, e buraco no – 1

Onda eletromagnética
    constituição e – 5.6

Onda mental
    incorporação de princí-
        pios ativos e – 5.18
    repercussão da * tumul-
        tuada – 5.18
    variação e – 5.4

Onímodo
    significado da palavra – 5.2

Ontologia
    bases racionais e – 10

Ônus cármico
    forças desarmônicas e – 5.18

Oparin, Alexander
    coloides e – 2
    origem da vida no pla-
        neta Terra e – 2

Ordem Dominicana
dos Irmãos
    Pregadores
        fundação e – 9

Ordem dos Irmãos Menores
    Francisco de Assis e – 9

Organismo vivo
    sistemas abertos e – 1

Orgulho
    homem e – 2

Oro, J.
    origem da vida no pla-
        neta Terra e – 2

Outline of Philosophy, An,
    Bertran, Russel, matemá-
        tico, filósofo e – 1

Ovo materno
   processo de miniaturização
      perispiritual e – 5.18

Ovoidização
   considerações sobre – 5.18

# P

Paleontologia
   Homem de Cro-Magnon e – 6
   Homo heidelbergensis e – 6
   Homo neandertalenses e – 6
   Pithecanthropus erectus e – 6
   Sinanthropus pekinensis e – 6

Paraíso
   nostalgia do * perdido – 5.14

Parapsicologia
   certeza da imortalidade e – 8

Parlamento das Nações
   excelsos Espíritos materializados e – 12

Parteiro de consciência
   cidades espirituais e – 4

Pascal, Blaise, filósofo
   destinação da Humanidade e – pref.

eloquência e – pref.
Hidráulica e – 10
Hidrodinâmica e – 10
Hidrostática e – 10
mensagem e – pref.
probabilidade e – 10
Reformador, e – pref.

Passe longitudinal
   características e – 5.12

Passe magnético
   conceito e – 5.19
   fluido mento-magnético e – 5.19
   importância do – 5.19

Passe transversal
   características e – 5.12

Pasteur
   geração espontânea e – 2
   teoria microbiana e – 10

Paternidade
   sexo e – 5.8

Pauli, Wolfgang
   Einfluss Archetypischer Worstellungen auf die Bildung Naturwissenschaftlischer, Der. Theorien bei Kepler, e – 1
   neutrinos e – 5.9, nota; 10
   teoria dos quanta e – 1

Paulo, apóstolo
    Maria Santíssima e – pref.
    universalização dos ensi-
       nos doutrinários e – 9

Pavlov
    Reflexos condicionados, e – 10

Paz
    princípios evangélicos de
       fraternidade e – 10
    Terra renovada e – 12

Pedro, o Eremita
    guerra contra os infiéis e – 9

Pedro, o Grande
    Rússia e – 9

Pensamento
    conceito e – 5.19
    conquista da alma e *
       contínuo – 5.14
    emoções, sentimentos e vi-
       brações do – 5.1
    energia mental e – 5.1
    fagulha divina do * e da
       liberdade – 9
    fluido mento-magnético e – 5.19
    forças ideais e – 5.6
    início do – 3
    instinto e – 4
    luz e – 5.6
    mente espiritual e – 5.19

    repercussão do * no mal – 5.6
    sentimento, * e fenôme-
       no do eco – 5.3
    vibrações do * e luz – 5.17

Pentecostes
    Espiritismo e novo – 10

Penzias, Arno, físico
    nascimento do Universo
       e – 2, nota
    radiação da Terra e – 2

Percepção
    sensibilidade, * e esca-
       la evolutiva – 7

Perispírito
    adensamento e – 4
    alimentação de * de Espírito
       encarnado – 5.11
    aniquilamento e – 5.4
    aperfeiçoamento e – 6
    complexidade e poder da es-
       trutura orgânica do – 5.16
    desenvolvimento e – 4
    encarnação fluídica e – 4, nota
    fluidez e – 4
    fluidos puros e composição do – 4
    matéria e – 4
    metabolismo e – 5.10
    modelagens mentais e * dos
       desencarnados – 7
    perda do – 5.7
    princípio espiritual e – 4

princípios constitutivos do – 4
processo de alimentação e *
  dos desencarnados – 5.10
processo de miniaturi-
  zação e – 5.18
Psicologia, mente e – 1
rejeição consciencial e – 5.7
saúde, doença e – 5.18
sensibilidade alta e * dos
  desencarnados – 7

Perrin, Jean
  movimento browniano e – 3

Personalidade
  constituição da * humana – 5.18

Planck, Max
  quantum e – 5.5
  saudação de Albert
    Einstein e – 2, nota

Plasma
  temperatura e – 3

Platão
  Estado perfeito e – 10
  preexistência da alma e – 10
  reencarnação e – 10

Poder das Trevas
  organização de impérios e – 5.15

Poder psíquico
  desenvolvimento das capaci-
    dades sensoriais e – 1

Politeísmo
  origem do – 10

Política
  luz do Evangelho e – 8

Pólvora
  invenção e – 9

Pósitron
  Carl D. Anderson e – 1
  Richard Richard Phillips
    Feynman, físico, e – 1

Pragmatismo
  fundamentos do – 10

Prece
  comercialização e – 8

Prêmio Nobel
  Paul Adrian Maurice
    Dirac, físico, e – 1
  Richard Phillips Feynman,
    físico, e – 1
  Werner Heisenberg e – 1

Primeira Grande Guerra
  início e – 9

Primeira Grande Revelação
  Moisés, o legislador, e – 10

Primitivo clã totêmico
  mistério da morte, tabus e – 10

Príncipe de luz
  homem problema e – 5.8

Princípio da conservação
da energia
  alimentação energética e – 5.10
  lei da conservação da massa e – 3
  sistema isolado e – 5.2

Princípio da Incerteza
  Werner Heisenberg e – 1

Princípio da livre
determinação individual
  Quatro evangelhos, Os, e – 4

Princípio da repercussão
  considerações sobre – 5.18

Princípio do
determinismo divino
  Quatro evangelhos, Os, e – 4

Princípio do mérito
  condição evolutiva de
    cada ser e – 5.2

Princípio espiritual *ver* mônada

Princípio espiritual *ver*
também Princípio
  inteligente
  conceito de – 3
  crisálida de consciência e – 3
  cristais e – 3
  Evolução em dois mundos, e – 3
  marcha para aquisição da
    consciência e – 6
  perispírito e – 4
  protoplasma e – 3

Princípio inteligente *ver*
também Principio espiritual
  Espíritos e – 3
  marcha do * para o rei-
    no humano – 3
  Quatro evangelhos, Os, e – 3
  tato e – 3

Problems of life,
  Von Bertalanffy e – 1

Profecia
  erros de – 5.9
  espaço-tempo e – 5.9

Profeta
  mentalizações detectadas e – 5.9
  tempo de repetição dos
    impulsos e – 5.9

Proselitismo
  espíritas e – 1

Protoplasma
  considerações sobre – 3
  Ernest Robert Trattner e – 3
  formação do – 3
  mônadas espirituais e – 3
  princípio espiritual e – 3

Prússia
  fundação do Estado da – 10

Psicologia
  Jean Piaget e – 10
  mente, corpo espiritual e – 1

Psicossoma *ver* Perispírito

Psiquiatria
  fenomenologia medianímica e – 8

Ptolomeu, Cláudio
  Mecânica celeste e – 10

# Q

Quantum
  Planck e – 5.5

Quatro evangelhos, Os
  Collignon, Mme, psicografia, e – 3
  desenvolvimento do pe-
    rispírito e – 4
  entrada do Espírito na
    vida espiritual e – 4
  fluido universal e – 3
  infância espiritual e – 4
  instinto, pensamento e– 4
  J.-B. Roustaing e – 3, 4
  Lei de Causa e Efeito e – 4
  livre-arbítrio e – 3, 4
  Lucas (3:23 a 38) e – 4
  Mateus (1:1 a 17) e – 4
  mundos primitivos e – 3
  principio da livre determi-
    nação individual e – 4
  princípio do determinis-
    mo divino e – 4
  princípio inteligente e – 3
  princípios constitutivos
    do perispírito e – 4
  queda espiritual e – 4
  transformação do instinto em
    inteligência consciente e – 4

Queda espiritual
  encarnação carnal e – 4, nota
  Espíritos presunçosos e re-
    voltados e – 4
  Quatro evangelhos, Os, e – 4

# R

**Raça adâmica**
   exilados de Capela e – 6
   grandes civilizações da
     Antiguidade e – 6

**Radar**
   tempo de repetição dos
     impulsos e – 5.9

**Radiação luminosa**
   corpo físico e – 5.2
   campo psicoperispirítico e – 5.2

**Rainha dos Anjos** *ver*
**Maria de Nazaré**

**Raios cósmicos**
   características e – 5.13

**Raios gama**
   características e – 5.13

**Razão**
   consciência, instinto e – 4
   Filosofia espírita e – 4
   Grande síntese, A, e – 4
   instinto e * humana – 4
   Jean-Jacques Rousseau e – 5.1
   livre-arbítrio e – 4
   Livro dos espíritos, O, e – 4
   misticismo, romantismo,
     existencialismo e – 4
   Razão, A, e – 4
   Sua Voz, Espírito, e – 4

**Razão, A**
   Gilles-Gaston Granger,
     professor, e – 4
   racionalismo da ciência contemporânea e – 4
   razão e – 4
   razão histórica e – 4

**Razões da coincidência, As**
   Arthur Koestler e – 1

**Rebeldia**
   instintos inferiores e – 6

**Reencarnação**
   Abraão, Salomão, Simão
     Pedro e – 2
   Isaac, Daniel, João
     Evangelista e – 2
   Jacó, Moisés, Elias, Batista e – 2
   José, o chanceler do Egito,
     Davi, Paulo de Tarso e – 2

**Reformador,**
   mensagem de Blaise
     Pascal e – pref.

Reichen-Bach, Hans,
filosofo da ciência
    Direction of time, The, e – 1
    teoria de Feynman e – 1

Reines, F.
    neutrinos e – 5.9, nota

Reino animal
    Espírito e – 4

Reino humano
    Espírito e – 4

Reinos
    elos preciosos e * da Natureza – 4

Rejeição consciencial
    aura e – 5.7

Relativismo
    fundamentos do – 10

Religião(ões)
    origem da era das grandes – 6
    poder político e – 8

Remorso
    abcesso energético e – 5.7
    indigestão psíquica e – 5.7

Responsabilidade
    Grande síntese, A, e – 4
    liberdade e – 4
    nível de consciência e – 5.14
    Sua Voz, Espírito, e – 4

Ressonância
    conceito e – 7

Ressonância magnética
    conceito e – 7

Revelação da revelação,
    essência espiritual e – 3
    instinto e – 3
    inteligência relativa e – 3
    livre-arbítrio e – 3
    pensamento e – 3
    reinos mineral, vegetal , animal e humano e – 3

Revolta
    demônio e – 5.7
    empedernimento e – 5.7
    monoideísmo e – 5.7

Revolução Francesa
    Idade Contemporânea e – 9

Revolutionibus orbium
coelestium, De
    Nicolau Copérnico e – 10

Rivail, Hippolyte
Léon Denizard,
   Allan Kardec e – 10

Roma
   fundação de * e etruscos – 6
   perseguição de Jesus e – 9

Romer, Olaus
   medição da velocidade da luz e – 10

Rostov
   Júpiter e conclusões de – 1

Rousseau, Jean-Jacques
   Escola Nova e – 10
   sentimento, razão e – 5.1

Roustaing, J.-B.
   Áureo, Espírito, e – pref.
   quatro evangelhos, Os, e – 3, 4

Russel, Bertrand,
matemático, filósofo
   Lógica moderna e – 1
   outline of Philosophy, An, e – 1

Rússia
   ambições imperialistas e – 9
   Revolução Socialista e – 9
   Tríplice Entente e – 9

# S

Sacerdote
   classes, hierarquias e – 10
   funções e – 10
   Mitologia, Magia, tabus e – 10

Sacro Império Romano-Germânico
   fundação do – 9

Satanás
   Espíritos imperfeitos e – 4
   influências más e – 4

Savonarola, Girolamo
   Igreja Romana e – 10

Schwann
   Teoria da célula, A, e – 3

Segunda Grande Guerra
   início e – 9

Segunda Lei da Termodinâmica
   Física clássica e – 1
   sistemas fechados e – 1
   Von Bertalanffy e – 1

Sensibilidade
   densidade baixa e * alta – 7

percepção, * e escala evolutiva – 7
perispírito de desencar-
nado e * alta – 7

Sentimento
conceito e – 5.6
nascimento do * religioso – 10
pensamento, * e fenôme-
no do eco – 5.3

Ser humano
características divinas e – 5.8
mente, sexo e – 5.8

Servet, Miguel
estudos sobre a circula-
ção do sangue e – 10

Sexo
amor e – 5.8
atuação do * nos domí-
nios da forma – 5.8
característica divina do ser
humano e – 5.8
função do – 5.8
mente e absorção do – 5.8
purificação do * pela dor – 5.8

Silício
exposição às irradiações do
Sol e * puro – 5.3

Sintonia
afinidade e – 5.18

Sirius
transferência de Espíritos
de * para Capela – 2

Sistema anímico
Cristo Jesus e – 5.13

Sistema isolado
Física e – 5.2
princípio da conservação
da energia e – 5.2
Universo individuado e – 5.2

Sociologia
luz do Evangelho e – 8

Sócrates
conhece-te a ti mesmo e – 10
Cosmologia, Ética e – 10
ironia e – 10
maiêutica e – 10

Sol
conversão de hidrogênio
em hélio e – 5.13
distância entre o * e a
Terra – 3, 5.13
extinção do nosso * atual – 1
Júpiter e energia do – 1
potência e – 5.13
propagação do calor do – 5.2
Trono do Cristo e – 5.13

**Solidariedade**
   grandes Espíritos e – 2
   princípio divino das grandes Almas e – 2

**Solidez**
   conceito e – 3

**Sólidos**
   características dos – 3

**Sombra**
   criação mental inferior e – 5.17

**Sua Voz, Espírito**
   análise espectral e – 3
   consciência e – 4
   consciente e – 4
   grande Síntese, A, e – 3, 4
   instinto e – 4
   razão e – 4
   rigidez da matéria e – 3
   solidez e – 3
   subconsciente e – 4
   surgimento da energia e – 3
   surgimento da matéria e – 3
   surgimento do princípio espiritual e – 3
   transformismo evolutivo e – 3

**Subconsciente**
   Grande síntese, A, e – 4
   impulsos automáticos e – 4
   Sua Voz, Espírito, e – 4

**Subjetivismo**
   fundamentos do – 10

**Suíça**
   independência e – 9

**Sumérios**
   civilizações dos – 6
   Hamurabi, rei, e – 6

**Superátomos**
   descoberta de * pesados – 5.5

**Superconsciente**

noções superiores e – 4

**Surgimento da energia**
   Sua Voz, Espírito, e – 3

**Surgimento da matéria**
   Sua Voz, Espírito, e – 3

**Surgimento do princípio espiritual**
   Sua Voz, Espírito, e – 3

# T

**Tato**
  princípio inteligente e – 3

**Teil und das Ganze, Der,**
  Werner Heisenberg e – 1

**Telescópio**
  detecção de galáxia e – 2
  observação de galáxias e * de Monte Palomar – 2

**Templo**
  esboço do primeiro – 10

**Tempo**
  definição e – 5.4
  Divindade e – 5.4
  importância do * de repetição dos impulsos – 5.9
  mundo objetivo do espaço e do – 1
  teoria da relatividade e – 1

**Teoria da célula, A**
  Schwann e – 3

**Teoria da grande explosão**
  nascimento do Universo e – 2, nota

**Teoria da relatividade**
  Arthur Koestler e – 1

**Teoria do estado constante**
  fracasso e – 2
  nascimento do Universo e – 2

**Teoria do estado estável**
  Bondi e – 2
  Gold e – 2
  Hoyle e – 2

**Teoria dos Quanta**
  Werner Heisenberg e – 1
  Wolfgang Pauli e – 1

**Terceira Revelação**
  *ver* Espiritismo

**Terra**
  aspecto psíquico do homem e – 1
  composição da * nos primeiros tempos – 3
  Emmanuel, Espírito, e surgimento da vida na – 3
  encarnação dos primeiros espíritos conscientes e – 6
  envio de luminares do Plano maior à – 6
  Espiritocracia Evangélica e – 12
  Espíritos banidos de Capela para – 2
  Espíritos Guardiães e – 2

formação da * nas oficinas do Infinito – 3
formação da crosta solidificada da – 3
Governadores da – 12
Governo Espiritual e condições morais da – 1
origem da vida e – 2
paz e * renovada – 12
primeiros habitantes da – 3
regulamentos dos fenômenos físicos da – 3
Sebastião Elcano e prova da redondeza da – 9
Velho Mundo e materialização das coisa do Céu – 9

Todo-Poderoso *ver* Deus

Tomé, apóstolo
    reencarnação e – 9
    codificação do Espiritismo e – 9

Torricelli
    invenção do barômetro e – 10

Transformismo evolutivo
    Sua Voz, Espírito, e – 3

Tratado de Verdun
    desmembramento do Império e – 9

Tratado de Versalhes
    assinatura e – 9

Trattner, Ernest Robert
    Arquitetos de ideias, e – 3

Treva
    criação mental inferior e – 5.17
    desintegração e – 5.15

Tribunal da Inquisição
    Gregório IX, papa, e – 9

Trono do Cristo
    Sol e – 5.13

# U

Universo e vida
    Áureo, Espírito, e – pref.
    fé raciocinada, intuição e – pref.
    Reformador, e – pref. Universo(s)
    Ambartsumian, astrônomo armênio, e ideia do – 1
    antigo * conhecido – 1
    conceitos sobre – 1
    Criação divina e nosso – 3
    Criação infinita e – 2
    Einstein e * finito e ilimitado – 1
    expansão e – 2
    fechado – 1
    geocentrismo e – 1

Império divino dos raios e
    das forças e – 5.13
nascimento e – 2, nota
pensamento, máquina e – 1, 3
problemática científica e – 1
sistema isolado e * in-
    dividuado – 5.2
teólogos, astrônomos e nas-
    cimento do – 2
teoria da grande explo-
    são e – 2, nota
teoria do estado cons-
    tante e – 2, nota

Urbano II, papa
    expedições militares e – 9
    início das Cruzadas e – 9

Ureia
    Friedrich Wöhler e sin-
        tetização da – 2

# V

Valentina, cientista
    fotografia das radiações lu-
        minosas e – 5.5

Vampirismo
    fenômenos de simbiose e – 5.11

Vasco da Gama
    grandes navegações e – 9

Vedas
    surgimento dos – 6, nota

Vegetal
    elaboração de alimentos
        primários e – 5.13
    fotossíntese e – 5.10

Velho Mundo
    luz projetada pelos
        Espíritos Jan Huss,
        Jerônimo de Praga, Joana
        d'Arc, Wicleff e – 9
    materialização das coi-
        sa do Céu e – 9

Velocidade
    átomo e – 3
    matéria e – 3

Velocidade da luz
    V. A. Firsoff, astrônomo, e – 1

Verme humilde
    homem problema e – 5.8

Vesúvio
    erupção e – 9

Vibração luminosa
  campo elétrico e magnético e – 5.5

Vida
  abrangência da Lei da – 5.12
  Emmanuel, Espírito, e surgimento da * na Terra – 3
  fonte da – 5.6
  mente, comando da – 5.6
  origem da * na Terra – 2
  primeiros passos da * organizada – 3
  regência da * humana – 8
  tijolos químicos e – 2

Vida fisiopsicossomática
  mente espiritual e – 5.16

Virgem excelsa *ver* Maria de Nazaré

Virtude moral
  necessidade humana e – 5.6

Vírus
  reconstrução e – 2

Voltaire
  apelo de – 10

Vontade
  livre-arbítrio e – 4

# W

Wilson, Robert, físico
  nascimento do Universo e – 2, nota
  radiação da Terra e – 2

Wöhler, Friedrich
  origem da vida no planeta Terra e – 2
  sintetização da ureia e – 2

# X

Xavier, Francisco Cândido
  Caminho da luz, A, e – 3
  Emmanuel, Espírito, e – 3

Zoroastro
  compilação do Avesta e – 6

# Z

Zamenhof, Lázaro Luís
  Esperanto e – 10

Zaratustra
  Pérsia e – 10

| UNIVERSO E VIDA | | | | |
|---|---|---|---|---|
| EDIÇÃO | IMPRESSÃO | ANO | TIRAGEM | FORMATO |
| 1 | 1 | 1980 | 10.200 | 13x18 |
| 2 | 1 | 1987 | 5.100 | 13x18 |
| 3 | 1 | 1990 | 5.100 | 13x18 |
| 4 | 1 | 1994 | 5.000 | 13x18 |
| 5 | 1 | 1998 | 2.700 | 13x18 |
| 6 | 1 | 2005 | 500 | 12,5x17,5 |
| 7 | 1 | 2006 | 1.000 | 12,5x17,5 |
| 8 | 1 | 2009 | 4.000 | 12,5x17,5 |
| 8 | 2 | 2010 | 2.000 | 12,5x17,5 |
| 9 | 1 | 2016 | 5.000 | 14x21 |
| 9 | 2 | 2020 | 200 | 14x21 |
| 9 | IPT* | 2023 | 200 | 14x21 |
| 9 | IPT | 2024 | 100 | 14x21 |
| 9 | IPT | 2024 | 150 | 14x21 |

*Impressão pequenas tiragens

# O LIVRO ESPÍRITA

Cada livro edificante é porta libertadora.

O livro espírita, entretanto, emancipa a alma nos fundamentos da vida.

O livro científico livra da incultura; o livro espírita livra da crueldade, para que os louros intelectuais não se desregrem na delinquência.

O livro filosófico livra do preconceito; o livro espírita livra da divagação delirante, a fim de que a elucidação não se converta em palavras inúteis.

O livro piedoso livra do desespero; o livro espírita livra da superstição, para que a fé não se abastarde em fanatismo.

O livro jurídico livra da injustiça; o livro espírita livra da parcialidade, a fim de que o direito não se faça instrumento da opressão.

O livro técnico livra da insipiência; o livro espírita livra da vaidade, para que a especialização não seja manejada em prejuízo dos outros.

O livro de agricultura livra do primitivismo; o livro espírita livra da ambição desvairada, a fim de que o trabalho da gleba não se envileça.

O livro de regras sociais livra da rudeza de trato; o livro espírita livra da irresponsabilidade que, muitas vezes, transfigura o lar em atormentado reduto de sofrimento.

O livro de consolo livra da aflição; o livro espírita livra do êxtase inerte, para que o reconforto não se acomode em preguiça.

O livro de informações livra do atraso; o livro espírita livra do tempo perdido, a fim de que a hora vazia não nos arraste à queda em dívidas escabrosas.

Amparemos o livro respeitável, que é luz de hoje; no entanto, auxiliemos e divulguemos, quanto nos seja possível, o livro espírita, que é luz de hoje, amanhã e sempre.

O livro nobre livra da ignorância, mas o livro espírita livra da ignorância e livra do mal.

Emmanuel[1]

---

[1] Página recebida pelo médium Francisco Cândido Xavier, em reunião pública da Comunhão Espírita Cristã, na noite de 25 de fevereiro de 1963, em Uberaba (MG), e transcrita em *Reformador*, abr. 1963, p. 9.

**FEB editora**
Livro espírita para um novo mundo
www.febeditora.com.br
@febeditoraoficial
@febeditora

Conselho Editorial:
*Carlos Roberto Campetti*
*Cirne Ferreira de Araújo*
*Evandro Noleto Bezerra*
*Geraldo Campetti Sobrinho – Coord. Editorial*
*Jorge Godinho Barreto Nery – Presidente*
*Maria de Lourdes Pereira de Oliveira*
*Miriam Lúcia Herrera Masotti Dusi*

Produção Editorial:
*Elizabete de Jesus Moreira*

Revisão:
*Elizabete de Jesus Moreira*
*Júlio Damasceno*
*Sérgio Thiesen*

Capa, Projeto Gráfico e Diagramação:
*Thiago Pereira Campos*

Foto de capa:
*www.istockphoto.com | Renphoto*

Normalização técnica:
*Biblioteca de Obras Raras e Documentos Patrimoniais do Livro*

Esta edição foi impressa no sistema de Impressão pequenas tiragens, em formato fechado de 140x210 mm e com mancha de 110x170 mm. Os papéis utilizados foram Off white 80 g/m² para o miolo e o Cartão 250 g/m² para a capa. O texto principal foi composto em Adobe Garamond 14/16 e os títulos em Adobe Garamond 22/28. Impresso no Brasil. *Presita en Brazilo.*